형사사건 때문에 고초를 겪고 계신 분들의 지침서

별별 형사절차 이야기

별별 형사절차 이야기

초판 1쇄 인쇄   2023년 01월 03일
초판 1쇄 발행   2023년 01월 20일

신고번호   제313-2010-376호
등록번호   105-91-58839

지은이   조범석

발행처   보민출판사
발행인   김국환
기획   김선희
편집   김건
디자인   김민정

ISBN   979-11-6957-008-4   03330

주소   경기도 고양시 일산동구 연리지로 51, 라몬테이탈리아노 411호
전화   070-8615-7449
사이트   www.bominbook.com

- 가격은 뒤표지에 있으며, 파본은 구입하신 서점에서 교환해드립니다.
- 이 책은 저작권법에 의하여 보호를 받는 저작물이므로 무단 전재와 복사를 금합니다.
- 이 책의 판매수익 일부는 저자의 요청에 따라 서울북부범죄피해자지원센터에 기부됩니다.

형사사건 때문에 고초를 겪고 계신 분들의 지침서
별별 형사절차 이야기

조범석 지음

보통 사람들이 자주 궁금해하는 형사절차 내용과
이에 대한 답변을 Q&A 형식으로 담았다.

프롤로그

　　검찰수사관과 변호사로 15년 이상 일하면서 다양한 형사사건을 다뤄봤고, 각양각색의 범죄와 형사절차를 경험했습니다. 형사사건에서의 지위, 사건의 경중, 사건의 결과가 본인의 삶에 미치는 영향 등에 따라 차이가 있을 수밖에 없지만, 당사자 입장에서 중요하지 않은 사건은 어느 하나도 없을 것입니다. 검찰수사관과 변호사로 일하면서, 한 사람의 인생이 걸려 있는 중차대한 사건에서 어느 하나도 소홀히 할 수 없다는 신념 하에 형사사건을 다뤄왔습니다. 그런데, 15년 이상의 형사실무 경험을 통해 여실히 느낀 점이 몇 가지 있었습니다.

　　첫째, 형사사건에 연루되어 있는 많은 사람들이 자신의 사건이 형사절차에서 어떤 단계에 위치해 있는지, 그리고 앞으로 절차가 어떻게 진행될지에 대해서 상세히 알지 못해 답답해하거나 불안해한다는 것입니다. 그에 대해 친절하게 안내해주는 사람도 없고, 과거에 비해 많이 개선되었다고는 하나 여전히 형사절차에 대한 안내 시스템이 미흡한 것도 사실입니다. 본인 사건이 현재 어떤 단계에 위치해 있고 앞으로 어떻게 진행될 것인지를 제대로 알지 못하니, 무엇을 해야 할지 몰라 갈팡질팡하게 되고, 그 과정에서 잘못된 선택을 하는 경우가 왕왕 있습니다. 그 선택이 자신의 인생을 크게 바꿔놓을 수도 있다는 사실을 꿈에도 모르고 말이지요.

둘째, 많은 사람들이 인터넷이나 주변 사람들로부터 얻은 부정확한 정보에 기대어 자신의 현재 상황을 진단하고 사건의 결과를 예측한다는 것입니다. 대표적인 예로, 미결수용자 접견을 가면 의뢰인으로부터 "반성문 쓰는 게 의미가 있나요? 같은 방에 있는 사람이 그러는데, 반성문은 어차피 판사가 읽어보지도 않는다는데요?"와 같은 질문을 받는 경우가 종종 있습니다. 구치소에 있는 미결수용자들은 하루 대부분의 시간을 같이 보내다 보니 서로 많은 말을 섞게 되고(특히 미결구금 상태에서는 노역도 부과되지 않아 수용거실 안에서 다른 수용자들과 함께 보내는 시간이 더욱 많습니다.), 게다가 구치소 생활을 처음 하는 사람 입장에서는 구치소 생활을 비롯한 형사절차에 빠삭한 것으로 보이는 선배(?) 수용자가 하는 말이 신뢰가 가는 것처럼 느껴지니, 이들의 말에 귀 기울이게 되는 것이 충분히 이해는 됩니다. 저는 이런 질문을 받으면, 단지 그 사람과 많은 시간을 함께 보낸다는 이유로 본인 인생에 대해 아무것도 책임져 주지 않을 비전문가에게 덥석 인생을 맡길 수 있겠냐고 반문합니다. 부정확한 정보로 현 상황을 파악하고, 사건의 전망을 예측하니 첫 번째의 경우와 마찬가지로 잘못된 솔루션을 투입하는 일도 비일비재합니다.

셋째, 형사사법 기관에 대해 이중적인 감정을 갖는 경우가 많다는 것입니다. 수사나 재판을 받는 사람들은 형사사법 기관 종사자들에게 한없이 불신의 눈초리를 보내다가 또 어떤 때는 부담스러울 정도로 과한 기대를 하기도 합니다. 그래서, 자신에게 유리한 결정을 내린 수사관, 검사, 판사는 세상에 둘도 없는 천사요 공명정대한 현인(賢人)이 되고, 자신에게 불리한 처분을 한 판사, 검사, 수사관 등은 어떻게 그 자리에 올랐는지 이해할 수 없는 자질 부족의 사람이거나 상대방으로부터 돈 먹은 부패 공무원이 되기도 합니다. 한편으로는 인간의 본능에 충실한 감정과 태도이기 때문에 이해도 되지만, 많은 경우 수사기관, 재판기관의 판단에 대해 정확히 이해하기보다는 결과론적 해석에만 매몰되는 것 같아 씁쓸한 생각이 들기도 합니다.

이런 현상들은 형사절차나 형사사법 기관에 대한 무지나 오해에서 비롯된 경우가 많습니다. 하지만 사회에 이러한 현상이 만연하게 되면 형사사법 절차나 형사사법 기관에 대한 또 다른 오해를 낳고 결국에는 국가기관에 대한 신뢰까지 떨어뜨릴 수 있다는 점에서 형사사법 기관에 종사했던 사람으로서, 변호사로서 안타까운 생각이 들었던 적이 한두 번이 아닙니다. 그래서, 형사 사법 절차의 생소함과 어려움을 현실로 마주한 사람들에게 소박한 이정표가 되었으면 하는 바람으로 사람들이 자주 궁금해하는 내용과 이에 대한 답변을 Q&A 형식으로 집필하게 되었습니다. 이 책에 들어있는 질문 사례들은 제가 변호사나 검찰수사관으로 일하면서 두 번 이상 접해본 질문들을 독자들이 이해하기 편하도록 사례로 재구성한 것입니다. 그중에는 수백 번 이상 들은 질문들도 있습니다. 모쪼록 형사사건에 연루되어 고초를 겪고 계신 분들에게 이 책이 조금이라도 도움이 되기를 기원합니다.

- 2022년 12월

저자 **조범석**

목차

프롤로그 • 4

제1부. 고소, 고발

01. 고소, 고발, 진정 • 16
02. 보이스피싱 피해자가 된 경우 대처법 • 19
03. 구체적인 고소방법 • 21
04. 고소취하 후 재고소 • 23
05. 친고죄, 반의사불벌죄와 소송상 처리 • 26
06. 고소인의 사망과 형사처벌 • 29
07. 형사와 민사 차이 • 31

제2부. 변호인 선임에서 수사까지

01. 변호인 선임, 전문분야 • 36
02. 국선변호인 제도 • 39
03. 재판 시 변호인의 역할 • 42
04. 법인이 고소 또는 고발당한 경우 조사대상 • 44
05. 신속한 수사의 원칙, 수사 지연에 대한 구제책 • 46
06. 강압수사에 대한 조치 • 48
07. 경찰조사 시 영상녹화제도 • 50
08. 함정수사 • 52

09. 특별사법경찰관 • 54

10. DNA 감식시료 채취 • 56

11. 영상녹화의 증거능력 • 59

12. 자수(自首) • 62

13. 관할 • 65

14. 진술거부권, 진술거부권 미고지 • 68

15. 송치와 불송치 • 71

16. 경찰의 불송치 결정에 대한 불복, 이의신청 • 74

17. 공무원범죄 수사개시 등 통보 • 76

18. 영장실질심사 절차, 발부 가능성 • 79

19. 공소시효 도과 및 구제수단 • 82

20. 피의자신문조서 열람 및 날인 • 85

21. 체포영장에 의한 체포 • 88

22. 현행범 체포, 준현행범 체포 • 91

23. 긴급체포 • 94

24. 체포 및 구속기간 • 97

25. 거짓말탐지기 검사결과의 증거능력 등 • 99

26. 임의제출물 압수 (1) • 101

27. 임의제출물 압수 (2) • 103

28. 검사의 보완수사 요구 • 107

29. 계좌추적용 압수·수색영장 • 109

30. 검찰수사, 검찰조사 (1) • 112

31. 검찰수사, 검찰조사 (2) • 115

32. 검찰청 수사과·조사과 • 117

33. 군검찰 • 120

34. 부검 • 123

35. 기소유예 • 126

36. 선도조건부 기소유예 • 129

37. 교육조건부 기소유예 • 131

38. 불기소 처분과 전과, 그리고 전과의 의미 • 133

39. 변호인과의 접견교통권 • 135

40. 비변호인과의 접견·교통권, 접견 금지 • 138

41. 수사상 증거보전 절차 • 140

42. 기소중지제도 • 142

43. 시한부 기소중지 • 144

44. 지명수배, 지명통보 • 146

45. 참고인중지제도 • 148

46. 형사조정제도 • 150

47. 검사의 불기소 처분에 대한 불복, 항고 • 154

48. 재정신청 • 157

49. 기소유예 처분에 대한 헌법소원 • 160

50. 구약식, 구공판 • 164

51. 수사기록의 열람, 등사 • 166

52. 교통사고처리특례법상 12대 중과실, 반의사불벌죄 • 168

제3부. 재판

01. 피고인 의견서 제출의무 • 174

02. 피고인 보석 • 176

03. 전자장치 부착 조건부 보석 • 179

04. 구속의 집행정지 • 181

05. 단독 및 합의부 • 183

06. 약식재판에서 불이익변경금지원칙 및 형종상향 금지의 원칙 • 185

07. 재판 중 사건병합 • 187

08. 수사검사와 공판검사 • 190

09. 공개재판주의 • 192

10. 피고인의 출석의무 • 194

11. 증거인부 • 196

12. 증인의 불출석에 대한 제재 • 199

13. 증인의 계속되는 불출석의 경우 • 201

14. 피고인신문 • 203

15. 형사합의금 및 형사합의 방법 • 206

16. 형사공탁 • 209

17. 양형조건 • 212

18. 미합의 시 실형 가능성 • 214

19. 최종변론, 최종진술 • 217

20. 소년보호 처분 • 220

21. 선고유예 • 223

22. 집행유예제도의 의의, 요건 • 226

23. 누범기간 중 범행 • 229

24. 집행유예 기간 중 범행일 때 처벌 • 232

25. 실형선고와 법정구속 • 234

26. 공소장 변경 • 236

27. 피고인의 불출석 • 239

28. 검사의 집행유예 구형 • 242

29. 검사 구형과 형 선고 • 244

30. 재판의 당일 선고 • 246

31. 무죄판결의 공시 • 248

32. 무죄판결에 대한 상소 • 251

33. 상소의 포기, 취하 • 253

34. 항소심에서의 인용 가능성 • 255

35. 상고이유 • 258

36. 국민참여재판 대상 • 260

37. 배심원 선정 및 거부 • 263

제4부. 기타 절차

01. 성폭력치료 프로그램 이수방법 • 268

02. 성범죄 부수처분 • 270

03. 범죄자 신상정보, 얼굴 등 공개 • 273

04. 벌금의 분할납부, 납부연기 • 275

05. 벌금 수배 • 277

06. 가석방제도 • 279

07. 집행유예의 취소 • 282

08. 집행유예의 실효 • 285

09. 미결수, 기결수 • 288

10. 공무원의 성범죄 형사처벌 시 불이익 • 290

11. 공소장 및 불기소장에 기재할 죄명에 관한 예규 • 293

12. 본인의 전과기록 확인방법 • 295

13. 불변기간 • 297

14. 피의자 또는 피고인의 도망 • 299

15. 무죄판결과 비용보상 • 302

16. 압수물 가환부, 압수 장물의 피해자 환부 • 305

17. 전자장치 가해제, 임시해제 • 308

18. 출국금지 • 310

19. 강제출국, 강제퇴거 • 313

20. 유치장, 구치소, 교도소 • 316

21. 재심제도 • 318

22. 대화 녹취의 증거능력 • 322

23. 입원기간 등의 산입 • 324

24. 상소권 회복 • 326

에필로그 • 328

제1부
고소, 고발

01
고소, 고발, 진정

Q

3년간 일했던 회사를 퇴사하게 되었는데, 임금을 받지 못해 답답한 지경입니다. 제가 어떤 서류를 작성해서 어디에 제출해야 할지 잘 모르겠습니다. 고소장, 고발장, 진정서, 탄원서 어떤 것을 작성해야 하나요?

A

'고소'는 피해자가 수사기관에 피해사실을 알리고 가해자에 대한 형사처벌을 구하는 의사표시를 말합니다. (형사소송법 제223조) 반면, '고발'은 피해자 이외의 사람이 수사기관에 범죄자의 처벌을 구하는 표시를 의미합니다. (형사소송법 제234조) '진정'은 형사사건에서 범죄혐의 유무가 불분명하거나 범죄가 되는지 알 수 없는 경우 수사기관 등에서 사건을 조사하여 범죄혐의가 인정되면 처벌해 달라는 취지의 신고**를 의미합니다. 또는 근로관계에서 생긴 분쟁이나 인권침해 사실에 대해 처리해 달라는 요청 역시 '진정'이라고 하기도 하는 등 그 개념이 비정형화된 면도 있습니다. 탄원은 주로 형사사건에서 피해자 측의 사람이 수사기관이나 법원에 가해자에 대한 엄벌을 촉구하거나 반대로 가해자 측의 사람이 수사기관이나 법원에 가해자에 대해 봐달라는 취지로 부탁하는 것을 의미합니다.

　사실 일반인들이 고소, 고발, 진정 같은 용어의 정확한 의미나 실무례를 알기는 쉽지 않습니다. 그래서, 실무적으로도 수사기관 등에서는 고소장, 고발장, 진정서 등 그 명칭에 구애받지 않고 서면에 담긴 실질적인 내용을 보고 사건을 처리하고 있습니다. 참고로, **질문자의 사안과 같이 임금을 지급받지 못한 근로자는 체불임금에 대해 노동청에 진정을 제기하여 구제받을 수 있습니다.** 각 지방노동청에 진정서가 구비되어 있으며, 진정인 및 피진정인에 대한 정보, 진정 내용(임금 등을 받지 못한 경위 및 체불임금 등 금액) 등을 적어 제출하면 됩니다. 진정서를 제출한다고 하여 무조건 형사사건화 되는 것은 아니고, 1차적으로 조정절차를 거치고 조정이 결렬되면 사건을 담당할 근로감독관이 배정되고 이 사건은 형사사건으로 전환하게 됩니다. 이후 수사결과 고용주가 정당한 이유 없이 임금을 체불한 것으로 판단되면 검찰수사와 재판을 거쳐 형사처벌을 받을 수 있습니다.

그 이외에 일반적으로 범죄피해를 당한 사람은 수사기관에 고소장을 제출하면 되고, 본인이 직접 범죄피해자는 아니지만 범죄사실을 신고하여 범죄자를 처벌하기를 희망하는 사람은 수사기관에 고발장을 제출하면 됩니다. 다만, 범죄에 따라 검찰에서 수사하지 않는 사건들도 있기 때문에, 고소 또는 고발하려는 범죄를 검찰에서 취급하는지 여부에 대해 확인해본 후에 고소장이나 고발장을 접수하는 편이 좋을 것 같습니다.

02
보이스피싱 피해자가 된 경우 대처법

Q

검찰청 직원을 사칭하는 사람들에게 속아 보이스피싱 사기를 당했어요. 피해액이 1억 원 가까이 이릅니다. 현금을 인출해서 어떤 사람에게 건네줬는데, 건네주고 나서 주변 사람들이 보이스피싱인 것 같다고 이야기해줘서 즉시 경찰에 신고는 했습니다. 전 이제 어떻게 해야 하나요? 잃어버린 돈을 되찾을 수 있을까요?

A

경찰에 신고했다고 하셨는데, 이는 질문자가 현금을 건네준 사람을 상대로 형사고소를 한 것으로 볼 수 있고, 아마 이후 절차도 형사고소를 전제로 진행이 될 것입니다. 고소 내용을 토대로 수사가 진행되면, 피고소인(범인)이 특정되고 검거될 수 있습니다. 보통 검거되는 사람은 현금수거책(인출책)이라고 불리는 말단 조

직원입니다. 보이스피싱 사기범죄를 설계하고 밑에 조직원들을 부리는 이른바 총책은 대개 중국이나 동남아시아에 본부를 두고 있어, 검거되는 경우가 극히 드뭅니다. 그러나, 가담 정도가 어떠하든 간에 현금수거책들도 재판 중 감형을 받기 위해서는 피해자들과의 합의가 절실하기 때문에, 피해를 보전하기 위해서 적극 노력할 가능성이 높습니다. 피해액 전액은 아니라 할지라도 피의자, 피고인의 변제의사나 자력 등에 따라 피해액의 일부를 합의금으로 지급받을 수 있습니다. 그러나, 모든 경우에 피해회복이 가능한 것은 아닙니다. 피의자나 피고인 본인이 아예 돈이 없는 사람이거나 가족 등 주변의 도움도 받을 수 없는 경우 또는 무죄판결이 선고되는 경우 등에는 피해를 보전받지 못할 수도 있습니다.

많은 경우에, 보이스피싱 범죄의 피해자들이 피해회복을 위해 현금수거책이 재판을 받고 있는 법원에 배상명령[1] 신청을 하기도 합니다. 또 현금수거책을 상대로 민사소송을 제기하기도 합니다. 하지만, 배상명령 신청이나 민사소송 모두 청구가 인용되더라도 현금수거책의 재산이 없는 경우에는 그 집행을 통한 채권 만족은 할 수 없는 경우가 많기 때문에 피해회복의 실효성 측면에서는 의문이 많이 남을 수밖에 없습니다.

---

[1] 형사사건의 피해자가 일정 범죄유형의 사건에서 민사절차나 다른 절차에 따르지 않고, 가해자인 피고인에 대하여 진행 중인 형사재판 절차에서 간편하게 피해배상을 받을 수 있도록 한 제도로「소송촉진등에관한특례법」제25조에 규정되어 있습니다.

03
구체적인 고소방법

Q

제 돈 2천만 원을 떼어먹은 사람을 상대로 고소를 하려고 하는데, 상대방의 인적사항에 대해서 아는 것이 전혀 없습니다. 상대방에 대해서 아는 것이 거의 없는 경우 고소를 어떻게 해야 하는지, 그리고 고소를 꼭 서면으로 해야 하는 것인지도 알고 싶습니다.

A

고소는 기본적으로 범죄사실을 신고하여 범인의 처벌을 구하는 의사표시이기 때문에, 사실관계를 구체적이고 명료하게 작성할 필요가 있습니다. 피고소인의 행위가 어떤 범죄에 해당하는지 거기에 적용되는 법령이 무엇인지까지 기재해주면 더할 나위 없이 좋겠지만, 법률전문가의 도움을 받지 않고 작성하는 경우에는 최소한 자신이 말하려는 바를 육하원칙에 따라 정리할 필요가 있습니다. 간혹 피고소인으로부터 당한 것이 억울하다고 하여 고소인의 입장에서 느끼는 피고소인의 모든 부정적인 행실에 대해서 기재하는 경우도 있는데, 이는 고소장의 가독성을 떨어뜨릴 뿐만 아니라, 수사기관 입장에서는 고소장 내용이 '투망식(投網式)' 고소로 느껴져 오히려 고소인에게 불리한 심증을 형성할 가능성도 있습니다.

한편, 고소(고발)의 방식에 대해 우리 형사소송법은 "고소 또는 고발은 서면 또는 구술로써 검사 또는 사법경찰관에게 하여야 한다."고 규정하여(제237조 제1항) 반드시 서면에 의할 것을 요구하고 있지는 않습니다. 따라서, 구술에 의한 고소도 가능은 하지만, 이는 통상 별건으로 조사를 받는 사람이 조사 중 새로운 고소사실에 대해 이야기하면서 처벌을 구하는 의사표시를 하는 경우에 볼 수 있는 예이고, 구술(口述)로 고소하는 일은 흔하지 않습니다. 결국 고소를 하는 경우 서면으로 작성하되 그 양식을 인터넷 등에서 찾아 최소한의 형식을 갖춰 작성할 필요가 있습니다. 고소는 범죄사실에 대한 신고가 있으면 되고, 범인이 누구인가를 적시할 필요까지는 없습니다. 그러나, **범인이 누구인지를 특정할 수 있는 최소한의 정보도 없다면, 수사가 개시조차 될 수 없을 것입니다.** 따라서, **수사기관에서 피고소인을 특정하기 쉽도록 상대방이 사용한 휴대전화번호, 이메일 아이디, 계좌번호, 신체적 특징 등 피고소인에 대해서 아는 정보를 최대한 상세히 적어 제출**하는 것이 좋습니다.

04
고소취하 후 재고소

Q

5년 전 사업관계로 알게 된 사람의 요청으로 2년 전쯤에 4,000만 원을 빌려주게 되었습니다. 장기간 돈을 갚지 않아 고소를 하였는데, 상대방이 갚겠다고 하면서 한 번만 봐달라고 사정을 하기에 피해액은 최소 4,000만 원이지만 우선 1,000만 원만 먼저 받고 나머지는 분할해서 받는 것으로 합의하고 고소를 취하해주었습니다. 합의할 때부터 조금 찝찝하고 불안하기는 했는데, 아니나 다를까 고소가 취하되고 검사로부터 불기소 처분을 받은 뒤에는 나 몰라라 하더라고요. 이 경우 제가 재고소를 할 수 있을까요?

A

질문자가 문의한 내용처럼 가해자가 외상으로 또는 분할로 피해액을 변제해주겠다고 하여 우선 합의를 하면서 고소취하까지 해주었는데 이후 가해자가 약속을 이행하지 않는 경우 재고소가 가능한지 여부에 대한 문제는 실무상 종종 발생하여 논란이 되기도 합니다.

우리 형사소송법에는 "고소를 취하한 뒤 재고소하지 못한다."는 취지의 규정이 있습니다. 즉 법 제232조는 "① 고소는 제1심 판결선고 전까지 취소할 수 있다. **② 고소를 취소한 자는 다시 고소할 수 없다.** ③ 피해자의 명시한 의사에 반하여 공소를 제기할 수 없는 사건에서 처벌을 원하는 의사표시를 철회한 경우에도 제1항과 제2항을 준용한다."고 규정하고 있습니다.

따라서, 당사자가 우선 고소를 하였다가 합의 등을 이유로 고소를 취하하였다면 검사는 불기소 처분을 할 가능성이 높은데[2], 이후 합의 내용이 이행되지 않는다는 이유로 다시 고소를 할 경우에는 해당 고소는 받아들여지지 않을 가능성이 큽니다. 법무부령인 「검찰사건사무규칙」 제115조에서도 검사가 '각하' 처분을 하는 사유 중 하나로 **"같은 사건에 관하여 검사의 불기소 결정이 있는 경우(새로이 중요한 증거가 발견되어 고소인, 고발인 또는 피해자가 그 사유를 소명한 경우는 제외한다.)"**로 규정하고 있습니다. 따라서, 한 번 합의를 할 때는 매우 신중할 필요가 있으며, 특히 질문자의 경우처럼 합의하면서 합의금을 일시금으로 지급

---

2 물론 사건을 재판에 넘기고 고소취하 사실을 양형에만 반영할 수도 있습니다.

하지 않고, 합의금의 전부 또는 일부를 추후에 지급하기로 하는 이른바 외상합의나 분할합의의 경우에는 더욱 신중을 기하여야 합니다.

05
친고죄, 반의사불벌죄와 소송상 처리

Q

이웃과 다투다가 너무 화가 나 주변에 눈에 띄는 작은 돌을 들어 약 5초간 겁을 주며 욕설을 했습니다. 상대방이 저를 특수협박으로 고소했고, 경찰에서 한 차례 조사를 받았습니다. 그 이웃은 오랫동안 심한 층간 소음으로 저를 힘들게 했던 사람이었고, 사건 당일도 그 사람이 먼저 도발했기 때문에 저도 억울한 면이 많습니다. 하지만, 전과가 생기는 것은 원하지 않았기 때문에 거액의 합의금을 주고 합의했고, 상대방이 경찰에 고소취하장까지 제출한 것으로 알고 있습니다. 그래서, 사건이 모두 종결된 것으로 알고 안심하고 있었는데, 어느 날 사건이 검찰로 송치되었다는 통지를 받았습니다. 협박죄 같은 범죄는 고소 취하하면 처벌 못한다고 하던데, 어떻게 된 일인가요?

A

질문에 답하기 전에 먼저 친고죄와 반의사불벌죄의 개념에 대해서 알아보도록 하겠습니다. **친고죄는 고소권자의 고소가 있어야 공소제기를 할 수 있는 범죄**를 의미하고, 모욕죄, 사자(사망한 자에 대한) 명예훼손죄, 비밀침해죄, 업무상비밀누설죄 등이 대표적인 예입니다. **반의사불벌죄는 공소제기 자체는 피해자의 의사와 관계없이 할 수 있지만, 피해자가 범인의 처벌을 원하지 않는다는 명시적인 의사표시를 하거나 처벌의 의사표시를 철회한 경우 처벌할 수 없는 범죄**를 의미합니다. 과실치상죄, 협박죄, 명예훼손죄, 출판물 등에 의한 명예훼손죄 등이 대표적인 반의사불벌죄의 예입니다. 친고죄나 반의사불벌죄에서 피해자 또는 고소인의 처벌의사는 재판이 계속되는 데 필요한 소송조건입니다.

따라서, 친고죄에서 처벌의 의사표시가 없으면 또는 반의사불벌죄에서 처벌을 원하지 않는다는 의사표시가 있으면 가해자를 처벌할 수 없습니다. 수사 단계에서는 불송치 결정이나 '공소권 없음' 처분, 재판 단계에서는 공소기각의 판결을 받게 됩니다.(형사소송법 제327조 제5호, 제6호) 그런데, 질문자에 대해 수사 중인 **특수협박죄의 경우는 반의사불벌죄가 아닙니다. 즉, 피해자가 처벌을 원하지 않는다는 의사표시를 하더라도 처벌이 가능한 범죄입니다.** 우리 형법은 단순협박죄나 존속협박죄의 경우에는 "피해자의 명시한 의사에 반하여 공소를 제기할 수 없다."고 규정하고 있지만(법 제283조 제3항), 형법 제284조의 특수협박죄는 반의사불벌죄로 규정되어 있지 않습니다. 결국 피해자가 고소취하서 또는 처벌불원서를 제출했다고 하더라도 검사는 공소를 제기할 수 있습니다. 물론 질문자 입장에서 매우 억울할 수 있는 상황인 것은 틀림없지만, 현행 법체계 하에서는 합의가 되어 고소취하가 되었다고 하더라도 처벌을 면하기는 어려울 것으로 보입니다. 따라서, 초범이고 피해가 중하지 않은 사안이라면, 본인이 직접 하든 변호인을 통해서든 검사에게 피해자와 합의한 사정 등을 적극 호소하여 '기소유예' 처분을 받는 것으로 변론 방향을 정해야 할 것으로 보입니다.

또 한 가지 생각할 수 있는 대처법은 수사 검사에게 질문자에게 적용된 죄명을 특수협박죄가 아닌 단순협박죄로 바꿔달라고 요청을 하는 것입니다. 물론 이 경우 무작정 '특수'를 빼달라고 요청하라는 뜻은 아닙니다. 주변에 눈에 띄는 작은 돌이라고 하였는데, 돌멩이 크기에 따라 특수협박죄에서 말하는 '위험한 물건'에 해당하는지 여부가 달라질 수 있기 때문입니다. **특수협박죄가 아닌 협박죄가 적용된다면, 합의하여 고소인이 처벌을 원하지 않는다는 의사표시가 수사기관에 도달한 이상 사건이 '공소권 없음'으로 종결될 수 있을 것으로 보입니다.**

06
고소인의 사망과 형사처벌

Q

오랜 지인에게 2,000만 원을 빌리고 갚지 못해 사기죄로 고소당했습니다. 경찰관으로부터 언제까지 나오라는 연락을 받고 일정까지 잡았는데, 고소인이 심장마비로 사망했다고 합니다. 고소인은 오랜 지인인 데다가 저에게 좋지 않은 감정을 가진 상태에서 갑작스럽게 세상을 떠났다고 하니 마음이 편하지 않습니다. 그와는 별개로 제 사건은 앞으로 어떻게 되는 것인가요? 고소인이 사망했으니 이제 저에 대한 수사는 더 이상 진행할 수 없는 것 아닌가요?

A

질문에 답하기에 앞서, 망인에 대한 예를 갖추는 것이 먼저일 것 같다는 말씀을 드리고 싶습니다. 질문에 답을 하자면, 고소인이 경찰에 고소장 접수 후 고소인 조사까지 받았는지 여부에 따라 결론이 달라질 것으로 보입니다. 만약 **고소인의 진술조차 듣지 못하고 고소인이 사망한 경우**라면, 「경찰수사규칙」제108조 제1항 제4호의 '각하' 처분을 해야 하는 경우에 해당하여[3] **구체적인 혐의유무 판단을 하지 않고 '각하' 처분으로 사건이 종결될 가능성이 높습니다.** 「검찰사건사무규칙」제115조 제3항 제5호에서도 비슷한 취지의 규정을 두고 있습니다.

그러나, 고소인 조사를 마친 상태에서 고소인이 사망한 경우라면 이야기가 달라질 수 있습니다. 즉, 질문자가 용도 사기를 한 것이 명백한 경우라든가 질문자의 변제자력, 신용상태 또는 다른 고소사건 내용에 따라 고소인의 추가진술이 없더라도 혐의가 인정된다고 볼 수 있는 경우에는 고소인의 사망과 관계없이 추가수사가 진행되어 재판까지 받을 수 있을 것입니다. 물론 이 경우 피의자가 범죄혐의를 부인할 가능성이 높은 상태에서 범죄혐의를 입증하는 것이 쉬운 작업은 아닐 것으로 예상됩니다. 범죄혐의를 명확히 하기 위해서 대질조사나 증거자료 확보를 위한 고소인의 협조가 필요한 상황이 발생할 가능성이 높기 때문에, 고소인의 협조를 기대하기 어려운 상황이라면 현실적으로 기소하기는 쉽지 않을 것으로 보입니다.

---

3   다. 고소인·고발인이 출석요구에 응하지 않거나 소재불명이 되어 고소인·고발인에 대한 진술을 청취할 수 없고, 제출된 증거 및 관련자들의 진술에 의해서도 수사를 진행할 필요성이 없다고 판단되는 경우

07
형사와 민사 차이

Q

순번계를 같이 하다가 알게 된 여자가 있습니다. 이 여자가 딸이 병에 걸렸다고 하면서 급하게 돈이 필요하다고 하기에 세 차례에 걸쳐 4,200만 원이나 되는 돈을 빌려주었습니다. 그런데, 3년이 다 되어가도록 갚을 생각 없이 차일피일 변제를 미루기에 결국 사기죄로 고소를 했습니다. 사건이 검사님한테 넘어갔다고 해서 연락 오기만을 기다리고 있었는데, 검찰에서 제가 고소한 사람을 재판에 넘겼다고 문자메시지가 왔습니다. 놀래서 검찰에 문의하니 법원에 알아보라고 하더라고요. 그래서 기다리고 있었더니 피고소인이 재판 때 집행유예가 나오고 말았답니다. 집행유예도 유죄라고는 하는데, 그게 저한테 무슨 의미가 있나요? 저는 돈도 한 푼 못 받고 상대방은 제대로 된 처벌도 안 받고, 뭐 이렇게 황당한 경우가 있나요?

A

법과 재판절차에 대해 잘 모르는 많은 분들이 오해하고 있는 부분이 형사고소를 하면 빌려준 돈, 떼인 돈, 횡령당한 돈을 쉽게 회수할 수 있다고 믿는다는 것입니다. 물론 피의자나 피고인은 자신의 혐의가 인정되어 형사처벌을 받을 위험에 처하는 경우 이를 모면하고자 적극적으로 피해자에게 금전적 배상을 하고 형사합의를 하려고 할 것입니다. 그런 면에서 형사고소는 많은 경우에 금전을 회수하거나 피해를 회복할 수 있는 강력한 무기가 되기도 하는 것이 사실입니다.

그러나, 기본적으로 형사재판은 죄를 지은 자에게 그 죄에 상응하는 처벌을 하여 형벌권을 행사하는 데 궁극적인 목적이 있는 것이고, 형사절차와 개인의 금전적 손해를 보전하는 것은 완전히 다른 이야기입니다. 또한, 고소를 진행한다고 해도 범죄성립 가능성, 상대방의 성향, 변제의사, 변제자력, 주변인들의 의지 등에 따라 피해회복이 반드시 이뤄진다고 장담할 수 없는 경우도 비일비재합니다.

마지막에 하신 말씀 중 상대방이 제대로 처벌도 안 받았다고 한 부분에 대해 간략히 설명드리겠습니다. 집행유예 역시 무거운 처벌인 것은 사실입니다.[4] 하지만, 많은 사람들이 집행유예가

---

4   징역형의 집행유예가 취소되거나 실효되는 경우, 유예된 형이 되살아나 집행의 대

나왔다고 하면 선처를 받았다고 생각하고 있고, 또 실제로 집행유예 기간 중 중한 범죄를 저지르지 않고 그 기간이 지나면 특별한 불이익 없이 형 선고의 효력을 잃기 때문에, 특히 피해자의 입장에서는 가해자가 집행유예를 받는 것이 자신에게 큰 의미가 없다고 생각할 여지가 많습니다.

만약에 피해자가 질문자 혼자가 아니라 여러 사람이고, 비슷한 시기에 피해자들이 함께 고소를 하였다면 피해액수가 늘어났을 것이고, 사건도 병합되어 가해자가 실형을 선고받을 가능성도 높아졌을 것입니다. 그렇다고 하면 가해자 측에서 합의하기 위해 좀 더 적극적으로 움직여서 피해회복이 되었을 가능성 역시 높았을 수도 있습니다. 그러나 이는 어디까지나 가정적인 판단이고, 상대방의 변제자력, 사건을 바라보는 태도, 처벌을 감수하려는 의사 등에 따라 피해회복의 가능성은 여전히 불투명할 수밖에 없습니다.

상이 됩니다. 부과되었던 징역형 기간을 구금시설에서 보내야 한다는 의미입니다.

제2부

변호인 선임에서 수사까지

01
변호인 선임, 전문분야

Q

성범죄 형사사건에 연루되어서 변호사를 선임하려고 하는데, 어떤 변호사를 선임해서 진행해야 할지 감이 오지 않습니다. 인터넷에 검색해보니 형사전문 변호사, 이혼전문 변호사, 부동산전문 변호사, 음주운전전문 변호사, 성범죄전문 변호사 등 전문 변호사라고 하는 사람들이 많이 있는 것 같은데요, 저는 어떤 변호사에게 일을 맡겨 제 사건을 진행해야 할까요?

A

우선, 질문 중에 변호사가 전문분야를 표방하는 문제에 대해서 말씀드리도록 하겠습니다. 대한변호사협회는 「변호사 전문분야 등록에 관한 규정」을 제정하고, 전문분야 제도를 운용하고 있습니다. 특정 분야의 전문 변호사로 등록하기 위해서는 3년 이상의 법조경력과 등록신청일 기준 3년 내 각 전문분야별 일정 건수 이상의 사건 수임이라는 요건[5]을 구비해야 하며, 각 분야와 관련된 일정 시간 이상의 교육을 이수해야 합니다. 위 규정에는 별표로 62개의 전문분야에 대해 규정하고 있는데, 성범죄나 음주운전 등은 전문분야로 기재되어 있지 않습니다. 따라서, 성범죄전문 변호사, 음주운전전문 변호사와 같은 말은 공식적인 명칭이 아닙니다. 대한변호사협회에서 인증받은 형사전문 변호사 중 성범죄 사건, 음주운전 사건을 많이 다뤄봤고 해당 분야에 자신이 있는 변호사 일부가 성범죄전문, 음주운전전문 등을 표방하고 있는 것으로 보입니다.

변호사에게 사건 수임을 의뢰하는 데 있어 고려해야 할 요소는 매우 다양하므로, 특정한 부분에 꽂혀서 판단하는 것은 권장하지 않습니다. 그래도 변호사를 선임하려는 사건이 속해 있는 분야에서 변론한 경험이 많은지 또는 비슷한 사건에서 승소한 사례가 있는지는 선임 여부를 결정하는 데 하나의 판단요소가 될 것 같습니다. 그 밖에 변호사가 제시하는 비전이나 솔루션이 신뢰가 간다면, 또는 상담 및 향후 변론에 대한 열정이 느껴진다면 해당 변호사를 선임하여 사건을 진행해도 괜찮을 것으로 보입니다. 한편, 무조건적인 승소를 장담하거나 인신구속(예를 들면 보

---

[5] 형사법 30건, 민사법 30건, 이혼 30건, 산재 20건, 상속 20건, 학교폭력 10건과 같은 식입니다.

석인용, 집행유예 석방 등) 관련하여 지나친 낙관론을 이야기하는 변호사는 경계해야 할 것으로 생각됩니다.

02
국선변호인 제도

죄를 지은 사람들 중에는 돈이 많아서 좋은 변호사를 선임하는 경우도 있지만, 많은 사람들이 경제적인 문제 때문에 제대로 된 변호사를 선임할 수 없어서 국선변호인 제도를 활용해야 한다고 들었습니다. 그런데, 국선변호인은 한 사람당 처리해야 하는 사건 수가 많아서 형식적으로 변론한다는 이야기가 있습니다. 만약 살인 사건 같은 중범죄를 저지른 피고인의 경우 국선변호인이 제대로 변호를 하지 못하면 그 피고인은 더 높은 징역형을 받을 가능성도 있나요? 또 어떤 경우에 국선변호인을 선임할 수 있나요?

A

법원이 필요적으로 국선변호인을 선정해야 하는 사유가 있습니다. 즉 피고인이 ① 구속된 때 ② 미성년자인 때 ③ 70세 이상인 때 ④ 농아자인 때 ⑤ 심신장애의 의심이 있는 때 ⑥ 피고인이 사형, 무기 또는 단기 3년 이상의 징역이나 금고에 해당하는 사건으로 기소된 때 변호인이 없는 경우에는 직권으로 변호인을 선정해야 합니다.(형사소송법 제33조 제1항) 그 밖에 법원은 피고인의 나이·지능 및 교육 정도 등을 참작하여 권리보호를 위하여 필요하다고 인정하면 피고인의 명시적 의사에 반하지 아니하는 범위에서 변호인을 선정하여야 하고(법 제33조 제3항), 피고인이 빈곤이나 그 밖의 사유로 변호인을 선임할 수 없는 경우에 피고인이 청구하면 변호인을 선정하여야 합니다.(법 제33조 제2항) 그 밖에 구속전피의자심문(영장실질심사)나 체포·구속적부심사, 재심개시 결정이 확정된 사건에서 사망자 또는 회복할 수 없는 심신장애인을 위하여 재심청구가 있는 때 등의 경우에도 법원(재판장)은 직권으로 변호인을 선임해야 합니다.

국선변호인을 통한 재판진행에 대해 말씀드리도록 하겠습니다. 사선변호사와 국선변호사가 딱히 구별되는 것도 아니고[6], 특히 국선변호인 중 국선전담 변호사의 경우 치열한 경쟁을 통해 선발된 자들로, 국선변호인으로 재판을 진행하는 것이 열의나 실력 등 문제로 더 불리하다는 식으로 일반화하는 것은 적절해 보이지 않습니다. 하지만 사건 수, 보수, 동기부여 등의 문제로 현

---

6 법원은 특정 사건에 대해 국선변호인을 선정하는 경우 재판부별로 국선변호인 예정명부에 등록되어 있는 국선변호인 중에서 변호인을 선정하는데, 이 명부에는 사선변호인 중 등록을 희망하는 사람들과 법원 관내 국선전담 변호인이 포함되어 있습니다.

실적인 어려움이 있는 것은 부인할 수 없습니다. 또한, 비교적 자신 있게 말할 수 있는 것이 있다면, 피해자와의 합의는 사선변호인을 통해 진행하는 것이 성사 가능성 등 측면에서 유리하다는 점입니다. 여러 가지 이유가 있을 수 있겠지만, 합의를 위해 많은 시간과 노력이 소요되는 것이 일반적이고, 경우에 따라서는 지방까지 가서 합의하는 등 많은 품이 드는 작업인데, 이를 국선변호인에게 기대하기는 현실적으로 어렵기 때문입니다. 비단 합의뿐만 아니라 변호인과의 소통 등도 피고인의 입장에서는 매우 중요한 사항이므로, 변호인의 적극적인 역할이 필수적이며 특히 법정형이 무거운 범죄의 경우에는 사선변호인 선임을 추천드립니다.

03
재판 시 변호인의 역할

Q

취업준비를 하고 있는 큰아이가 통장 양도를 해주었다고 전자금융거래법 위반으로 재판을 받게 되었습니다. 선임한 변호사가 너무 걱정하지 말라고 하긴 하는데, 어떻게 걱정을 안 할 수가 있나요? 첫 번째 기일이라는 날 작은아이와 함께 재판에 참석했는데, 판사님이 몇 마디 하고 검사도 몇 마디 그리고, 변호사가 "네, 네." 몇 번 하고 마지막에 한 1분 정도 선처 바란다는 취지로 이야기하고 끝이 나더라고요. 영화나 드라마를 보면 법정에서 변호사들이 판검사랑 싸우기도 하고 한참을 멋지게 변론하기도 하던데, 너무 싱겁게 끝나서 허탈하기까지 하더라고요. 변호사는 죄인의 억울함을 풀어주는 역할을 하는 사람 아닌가요?

질문의 내용만으로 추측하자면, 아드님과 변호인은 공소사실에 대해 인정하고 양형을 최대한 유리하게 해달라고 탄원하는 것으로 변론 방향을 정한 것으로 보입니다. 그렇다면 질문자가 말씀하신 것처럼 첫 번째 공판기일에 공소사실 인정여부, 그리고 증거에 대한 의견 관련한 질문에 대해 모두 동의한다고 이야기하고, 형을 적게 받는 데 필요한 자료들을 제출하여 형을 감경받는 데에 주력하는 것이 자연스러운 수순입니다.

만약 피고인이 공소사실에 대해 인정하지 않고 무죄 주장을 하는 경우라면, 변호인은 검사가 제출한 증거 중 일부에 대해서 부동의하고 증인신문을 진행하거나, 사실관계의 인정에 있어 피고인에게 유리한 증인을 부르거나 증거를 제출하는 등 적극적인 변론활동을 할 것입니다. 지금 질문자의 아드님이 공소사실은 인정하고 양형을 최대한 유리하게 해달라고 주장하고 있는 상태이기 때문에, 변호인이 재판정에서 구두로 몇 마디 하는 것으로 끝나는 것이 아니라 변호인의견서(변론요지서) 형태로 아드님에게 유리한 양형사유를 적극 주장하였을 것입니다. 참고로, 양형자료는 결심(結審)하고 선고기일이 잡힌 뒤에도 선고기일 전까지는 언제든지 제출해도 됩니다.

04
법인이 고소
또는 고발당한 경우 조사대상

Q

중견업체에서 실무자급인 과장으로 근무하고 있습니다. 저희 업체가 고발을 당해 조사를 받게 되었는데, 실무자인 제가 피의자 신분으로 조사를 받으려고 하였더니, 경찰에서는 반드시 법인 대표가 와야 한다고 합니다. 대표님은 바쁘시기도 하고, 또 고발사건 관련된 내용은 제가 가장 많이 알고 있기 때문에 제가 조사받으러 가는 것이 맞는 것 같은데, 꼭 대표님이 가야 하는 것인가요?

A

형사소송법 제27조 제1항은 "피고인 또는 피의자가 법인인 때에는 그 대표자가 소송행위를 대표한다."고 규정하고 있습니다. 어떻게 보면, 실체법상 권리의무의 주체가 되는 법인이 형사재판을 받는 경우 그 법인 대표가 형사소송을 수행해야 하는 것은 당연한 내용입니다. 하지만, 실무에서는 이런 당연한 내용과 당사자의 현실적 문제가 충돌하는 경우가 종종 발생하기도 합니다.

그러나, 양벌규정[7]에 따라 법인이 처벌될 수 있고, 법인이 고소나 고발을 당해 수사기관으로부터 출석요구를 받은 상황이라면, 법인의 대표이사가 수사기관에 직접 출석해야 하는 것이 원칙입니다. 물론 회사 규모 등에 따라 차이가 있기는 하겠지만, 해당 고발건에 대해 가장 잘 알고 있는 사람은 실무자일 것입니다. 그러나, 법인이 수사 대상인 이상 법인 대표가 출석을 피하기는 어려울 것으로 보이고, 실무자는 대표와 함께 피의자(실무자 본인이 피고발 사실 관련 행위자인 경우) 또는 참고인 신분으로 출석하여 진술할 수 있을 것입니다.

참고로, 법인이 고소인 또는 고발인인 경우에는 굳이 대표가 고소(고발) 대리인 자격으로 출석할 필요는 없고, 실무자에게 사건에 관한 진술 등을 위임한다는 취지의 위임장과 법인과 실무자의 관계를 소명하는 자료 등을 제출하고 실무자로 하여금 고소(고발) 대리인 조사를 받게 할 수 있습니다.

---

[7] 법인의 대표자나 법인 또는 개인의 대리인·사용인, 기타 종업원이 그 법인 또는 개인의 업무에 관하여 일정한 위법행위를 하였을 경우에 현실의 행위자를 처벌하는 외에 사업 주체인 그 법인 또는 개인도 처벌하는 규정을 의미합니다.

05
신속한 수사의 원칙,
수사 지연에 대한 구제책

Q

> 좋은 사업 아이템이 있다고 하면서 1억 원 넘게 가져간 거래처 사장을 사기죄로 고소했습니다. 고소인 조사를 한 뒤 중간에 수사관이 교체된 것도 없는데, 1년 가까운 시간이 지나도록 사건 결정이 안 되고 있습니다. 피고소인 조사는 한 것 같은데, 참고인 조사, 계좌분석 등을 하는 데 시간이 오래 걸린다고 하면서 꼼꼼히 수사를 하고 있으니 기다리라는 말만 반복합니다. 경찰서에 몇 번을 방문하기도 하였는데, 경찰관은 신속하게 처리할 것이니 연락을 기다리라고만 합니다. 이렇게 수사가 오래 걸릴 수가 있나요? 제가 어떻게 대처해야 하는 것인가요?

A

수사가 늦춰지는 데에는 여러 가지 이유가 있을 수 있습니다. 피의자, 참고인 등 사건관계인에 대한 조사 때문일 수도 있고, 계좌분석을 하거나 전문기관에 감정을 보냈는데 회신이 늦어져서일 수도 있습니다. 그 이외에 담당수사관의 인사이동, 건강상 이유, 업무과중, 관내 대형사건의 발생 등 수사 외적인 이유 때문일 수도 있습니다. 따라서, 수사가 늦어지는 데 정당한 이유가 있다면 이에 대해 왈가왈부할 수는 없겠지만, 특별한 이유가 없어 보이는데도 경찰관이 수사를 지연하는 듯한 느낌을 받고 있다면 청문감사(인권관)실에 진정하는 등 방법으로 이의를 제기해서 빠른 수사 진행을 촉구해야 할 것으로 보입니다. 하지만 피의자, 피고인에 대한 신속한 수사, 재판의 침해가 있을 때 그 구제방법에 대한 논의에서와 같이 고소인 입장에서 어느 정도의 수사 지연이 신속한 수사에 대한 침해인지 판단하기 애매한 면도 있고, 담당 경찰관은 수사 지연에 정당한 또는 불가피한 이유가 있다는 항변을 할 가능성이 높으므로, 이에 대해 효과적으로 대응하는 것은 사실상 어려울 것 같습니다.

06
강압수사에 대한 조치

Q

경찰에서 피의자 신분으로 조사를 받다 경찰관이 강압수사를 하는 경우, 이에 대응하여 취할 수 있는 조치가 무엇이 있나요?

A

우선 강압수사라는 것이 다소 애매한 면이 있습니다. 아무래도 수사기관은 범죄혐의를 추궁하는 입장에 있다 보니, 수사 대상인 피의자에게 마냥 친절하고 상냥할 수는 없을 것입니다. 피의자 입장에서는 수사 대상이 된 것 자체가 심적 부담일 수 있는 데다 자신의 진술과 해명을 잘 들어주지 않고, 때로는 거친 언사로 자신을 압박하는 경찰관(수사관)이 있는 경우 이를 강압수사라고 느낄 가능성이 높습니다. 하지만, 범죄혐의를 추궁하는 수사, 조사의 특성상 강압수사라는 것이 다분히 주관적일 수 있습니다.

예를 들어, 증거관계가 명백한 사실에 대해서 무작정 부인만 하는 피의자 진술의 부당함에 대해 추궁하는 과정에서 언성을 높이는 것도 피의자 입장에서는 강압수사 또는 부당한 수사라고 여길 가능성이 높습니다. 물론 폭행, 욕설, 고문 등 가혹행위, 성희롱, 불법구금 등 그 위법성이 명백한 행위들도 분명 존재할 수 있습니다.

강압수사에 대한 구제책으로는 크게 비금전적인 조치와 금전적 조치로 나눌 수 있습니다. 전자로는 각 경찰서에 설치되어 있는 청문감사(인권관)실에 담당수사관 교체를 요구하거나, 감사원, 국민권익위원회의 국민신문고에 강압수사 내용을 신고하고 시정을 요구하는 조치가 해당합니다. 후자로는 강압수사를 한 경찰공무원 개인을 상대로 한 손해배상청구나 국가를 상대로 한 국가배상청구 등 민사소송을 제기하는 것을 생각할 수 있습니다.

07
경찰조사 시 영상녹화제도

Q

저는 군대를 갓 제대한 23살의 남자입니다. 학교 가는 길에 지하철에서 여성의 엉덩이를 만졌다고 지목받아 경찰조사를 받고 있는데, 저는 천지신명께 맹세코 여성 엉덩이를 만진 적이 없습니다. 그런데, 경찰은 조사도 하기 전에 제가 범인이라고 단정 짓고, 조사가 시작되자 반말, 고성으로 조사하며 유도신문도 했습니다. 경찰관의 이와 같은 강압수사와 유도신문은 제가 변호사 없이 혼자 조사를 받았기 때문에 가능한 것이 아닌가 하는 생각도 듭니다. 그런데, 꼭 변호사가 아니더라도 경찰관이 강압수사 같은 것을 못하도록 막을 수 있는 방법은 없었을까요?

A

수사기관에서 피의자 신분으로 조사를 받을 때 위와 같은 일이 종종 발생하기도 합니다. 물론 대부분의 경찰관들은 인권친화적인 수사를 하지만, 법령이나 내부지침 등을 무시하고 부당한 수사나 조사를 하는 사람들도 간혹 있습니다. 이때, 사후적인 구제책으로 청문감사실이나 검사에게 진정하거나 국가배상, 손해배상 등을 통한 위자료 청구 또는 담당경찰관에 대한 고소, 고발 조치 등을 생각할 수는 있지만, 그와 같은 행동을 미연에 방지할 수 있는 유용한 수단이 있습니다. 바로 피의자 조사 시 진술 영상녹화제도를 활용하는 것입니다. 경찰청에서 운용하는 영상녹화제도는 수사과정의 투명성을 높이고, 피의자의 정당한 수사를 받을 권리를 보호하기 위해 도입된 제도입니다. 경찰청의 영상녹화업무 처리지침에 의할 때, 강력범죄 등 일부 범죄에 대해서는 피의자 조사 시 영상녹화를 의무적으로 해야 하며, 피의자나 변호인이 요청한 경우에도 반드시 영상녹화를 실시해야 합니다.

다만, 동 제도에 대한 홍보 부족이나 안내 미흡 등으로 아직까지는 활용율이 높지 않은 편입니다.[8] 이와 같은 통제책과 관계없이 수사기관 종사자 스스로 인권친화적인 수사에 임한다면, 영상녹화제도의 활용율이 낮은 것은 별 문제가 되지 않을 것입니다. 혹시라도 통제에 대한 부담 때문에 동 제도에 대한 안내 및 고지가 소홀히 되는 일은 절대 없어야 할 것입니다.

---

[8] 신아일보 2022. 9. 28. "경찰진술 영상녹화제도 2021년 전체 피의자의 약 6.0%만 이용"

08
함정수사

Q

저는 속칭 '아리랑치기'의 전문가입니다. 며칠 전에는 우연히 제가 자주 다니던 길 옆 전봇대에 취객이 쓰러져 있는 것을 발견하고 쉽게 한 건 올릴 기회라 생각하여 취객의 주머니에 있는 지갑을 빼냈습니다. 그런데 멀찍이서 제 범행을 지켜보던 잠복근무 경찰관들이 있었습니다. 저는 경찰관들이 함정을 파놓고 제가 범행을 저지르길 기다렸으니 함정수사에 해당하고, 저를 처벌하는 것은 법에 어긋난다고 주장하였습니다. 저 억울해할 만하지 않나요?

A

'함정수사'란 수사기관 또는 수사의뢰를 받은 자가 그 의도나 신분을 감추고 상대방으로 하여금 범죄를 실행하도록 하고, 그 실행을 기다려 상대방을 검거하는 수사기법**을 의미합니다. 주로 성매매 알선범죄나 마약 관련 범죄에서 자주 사용되는 수사기법입니다. 이러한 함정수사가 수사기법의 하나로서 허용되는지 여부는 수사의 신의칙(信義則)이라는 관점에서 자주 논의가 됩니다. 보통 **함정수사를 기회제공형과 범의유발형으로 구분**하는데, **전자의 경우 허용**되지만 **후자의 경우에는 위법한 함정수사로서 허용될 수 없다는 것이 일반적 견해**입니다. 즉 이미 범죄의사가 있는 자에게 단순히 범행 기회를 제공한 데 불과한 경우에는 위법한 함정수사로 보기 어렵다는 의미입니다.

우리 대법원도 "범의를 가진 자에 대하여 단순히 범행의 기회를 제공하거나 범행을 용이하게 하는 것에 불과한 수사방법이 경우에 따라 허용될 수 있음은 별론으로 하고, **본래 범의를 가지지 아니한 자에 대하여 수사기관이 사술이나 계략 등을 써서 범의를 유발케 하여 범죄인을 검거하는 함정수사는 위법함을 면할 수 없고, 이러한 함정수사에 기한 공소제기는 그 절차가 법률의 규정에 위반하여 무효인 때에 해당한다.**"(대법원 2005. 10. 28, 선고 2005도1247 판결)라고 하여, 범의유발형 함정수사의 경우에는 위법하여 허용될 수 없다는 입장을 확고히 하고 있습니다. 질문자의 사례는 수사기관이 질문자의 범의(범죄의사)를 유발한 것이라고 보이지는 않습니다. 따라서, 함정수사가 위법하다는 항변을 하더라도 법원에서 받아들여지지 않을 가능성이 높습니다.

09
특별사법경찰관

Q

얼마 전에 임금체불로 지방고용노동지청에 가서 조사를 받게 되었습니다. 자신을 근로감독관이라고 소개한 사람이 조사를 했는데요, 이 사람이 자기가 조사만 하는 것이 아니라 경우에 따라서는 체포, 구속도 할 수 있는 경찰관 신분이라고 하더라고요. 저는 그냥 고용노동부 소속 일반 공무원으로 생각했는데, 이 사람들이 경찰관이라고 하니 조금 신기하기도 합니다. 근로감독관이 경찰관 신분인 것이 맞는 말인가요?

A

'특별사법경찰관'(약칭 특사경)이란 특수한 분야의 수사를 담당하는 사법경찰관리를 의미합니다. 2020년 형사소송법 개정 당시 제245조의10에서 특별사법경찰관리에 대한 규정을 신설하였습니다. 즉 제245조의10 제1항에서 "삼림, 해사, 전매, 세무, 군수사 기관, 그 밖에 특별한 사항에 관하여 사법경찰관리의 직무를 행할 특별사법경찰관리와 그 직무의 범위는 법률로 정한다."라고 규정하였습니다. 「사법경찰관리의 직무를 수행할 자와 그 직무범위에 관한 법률」에서는 특사경의 종류, 지명절차, 직무범위 등에 대해 규정하고 있습니다.

특별사법경찰관이라고 하여 권한이나 지위에 특이사항이 있는 것은 아닙니다. 일반 사법경찰관이 범죄 전반에 대해 수사권 및 강제수사에 대한 권한이 있음에 반해, 특별사법경찰관은 그 권한의 범위가 사항적, 지역적으로 제한되어 있다는 점에 특색이 있을 뿐입니다. 따라서, 질문자가 궁금해하는 것처럼 특별사법경찰관인 고용노동부 소속의 근로감독관 역시 체포, 구속 등 강제수사를 할 수 있습니다.

참고로, 수사절차상 특별사법경찰관이 일반 사법경찰관과 다른 것으로는 종래 검사의 수사지휘권이 그대로 적용된다는 점입니다. 따라서, **특별사법경찰관은 일반 사법경찰관과 같이 불송치 결정을 할 수는 없고, 2020년 형사소송법 개정 이전처럼 수사 후 사건에 대해 기소 여부에 대한 의견을 달아 사건을 검찰에 송치해야** 합니다. (법 제245조의10 제2항, 4~6항)

10
DNA 감식시료 채취

Q

헤어진 여자친구와 할 말이 있어 만취상태로 전 여자친구가 살던 오피스텔에 들어갔다 말다툼도 하고 그러던 중 여자친구의 신고로 경찰이 출동해서 현행범으로 체포되었습니다. 전 딱히 범죄라고 할 만한 행동을 하지 않았다고 생각하는데, 이 일로 구속까지 되었습니다. 검찰로 송치되기 전에 경찰관이 DNA 채취인가 뭔가를 해야 한다고 하면서, 제 구강을 면봉으로 훑어갔습니다. 경찰관이 이에 대해서 빠르게 설명을 해주긴 했는데, 솔직히 귀에 들어오지 않아 무슨 이야기인지 정확히 이해하지 못했습니다. 면봉으로 훑을 때 감촉도 안 좋고 전반적으로 기분이 좋지가 않더라고요. 제가 지금 어떤 상황인 것인가요?

A

「디엔에이신원확인정보의 이용 및 보호에 관한 법률」(약칭 '디엔에이법')은 성범죄를 포함하여 일정한 범죄유형의 경우 수사과정(구속피의자)이나 판결확정 후 피의자 또는 수형인으로부터 유전자 채취를 할 수 있도록 규정하고 있습니다. 이와 같은 유전자 채취를 하는 취지나 목적은 구속피의자와 수형자의 경우에 다소 차이가 있습니다.

우선, 구속피의자의 경우에는 이미 채집된 기존 범죄자의 유전자 샘플과 대조하여 추가 범죄혐의를 확인하기 위한 것입니다. 반면, 수형자의 경우에는 이미 혐의가 확인된 사람의 유전자 정보를 DB(데이터베이스) 작업하여 향후 재범을 예방하거나 범인을 적발하는 데 사용하려는 것이 주된 취지입니다. DNA 즉 유전자 감식시료를 채취하는 것은 채취 대상자의 기본권을 침해할 수 있기 때문에, 디엔에이법에서는 DNA 감식시료 채취를 하려는 경우 검사의 청구에 의해 지방법원 판사가 발부한 DNA 감식시료 채취영장에 의하거나, 채취 대상자의 동의하에 채취해야 함을 규정하고 있습니다.(법 제8조)

질문자가 "여자친구와 말다툼을 하다가 여자친구가 신고하였고, 본인은 딱히 범죄가 될 만한 행동을 하지 않았다고 생각한다."는 취지로 이야기하였는데, 구속까지 된 것을 보면 폭력범죄나 성폭력범죄로 수사가 진행되고 있고, 범죄혐의도 어느 정도

소명된 것으로 보입니다. 질문자가 만취상태였기 때문에 본인도 전 여자친구 집에서 어떤 범행을 하였는지 기억하지 못하고 있는 상황일 가능성이 높습니다. 또한, 면봉 등 감식시료 채취행위는 질문자가 기존 성범죄 현장 등에서 확보된 DNA와 일치하는 DNA를 가진 사람인지 확인하려는 조치로 추정됩니다.

11
영상녹화의 증거능력

Q

영화나 드라마에 보면, 경찰관이나 검사가 취조실에서 피의자를 신문하는 장면이 종종 나오는데요. 비밀스러운 이야기라도 하려고 하면 경찰관이나 검사가 갑자기 취조실 안 책상 귀퉁이에 있는 녹화 또는 녹취 스위치를 꺼버리더라고요. 신문의 모든 과정은 녹화 또는 녹취되는 것처럼 보이는데, 그렇게 임의로 막 스위치를 꺼버려도 문제가 되지는 않는지요?

A

먼저 취조실에 대한 용어부터 설명을 해야 할 것 같습니다. 취조실의 사전적 의미는 "죄인이나 범죄혐의자를 조사하는 데 쓰는 방"으로 다분히 일본식 용어입니다. 현재는 취조실 대신 '조사실', '영상녹화실' 같은 용어를 사용하고 있습니다. 영상녹화는 수사과정을 영상녹화기기로 촬영하는 것을 말합니다. 검찰의 경우에는 수사과정의 투명성을 높이고 인권침해를 막고자 2007년에 영상녹화제도를 도입하였습니다. 그러나, 이러한 영상녹화의 독자적인 증거능력에 대해서는 부정적인 견해가 우세한 편입니다. 다만, 「성폭력범죄의 처벌 등에 관한 특례법」 제30조 제6항에서 "제1항에 따라 촬영한 영상물에 수록된 피해자의 진술은 공판준비기일 또는 공판기일에 피해자나 조사과정에 동석하였던 신뢰관계에 있는 사람 또는 진술조력인의 진술에 의하여 그 성립의 진정함이 인정된 경우에 증거로 할 수 있다."고 규정하여 증거능력에 대한 특칙을 규정하고 있었는데, 최근 헌법재판소에서 위 규정이 피고인의 방어권을 과도하게 제한하고 피고인의 공정한 재판을 받을 권리를 침해한다고 하여 위헌 결정을 내린 바 있습니다.

한편, 형사소송법 제244조의2는 제1항에서 "피의자의 진술은 영상녹화할 수 있다. **이 경우 미리 영상녹화 사실을 알려주어야 하며, 조사의 개시부터 종료까지의 전 과정 및 객관적 정황을 영상녹화하여야 한다.**"고 규정하고 있습니다. 이때, 조사의 종료는 단순히 수사기관의 질문과 이에 대한 피의자의 답변을 뜻하는 좁은 의미의 조사 개념뿐만 아니라, 문답을 마친 뒤 조서를 열람하는 과정까지 포함하는 것으로 이해됩니다. 따라서, 영상녹화물의 일반적인 증거능력은 물론이고, 신문의 전체 과정이 녹화되지 않거나 조서를 열람하는 과정이 촬영되지 않는 영상녹화물의 경우 피의자나 변호인이 재판과정에서 문제를 제기한다면 그 증거의 위법성에 대해 충분히 논란이 될 것으로 보입니다. 실제로 최근 대법원도 피해자가 조서를 열람하는 과정이 누락된 영상녹화물의 증거능력이 문제된 사안에서 "조사 전 과정이 녹화되지 않은 등 절차적 하자가 있는 영상녹화물을 근거로 한 진술조서는 증거로 인정할 수 없다."는 취지의 판시를 한 바 있습니다.

12
자수(自首)

Q

보이스피싱 현금수거책으로 일을 하게 되었습니다. 솔직히 말씀드려 처음에는 채권추심 업무를 하는 것인 줄 알고 시작한 것인데, 3~4건 정도 하다 보니 조금 이상한 기분이 들긴 했습니다. '설마 아니겠지.' 하는 마음으로 몇 건 더 하다가 영 찜찜해서 아내에게 이야기했더니 "보이스피싱인 것 같으니 당장 그만둬라."라고 해서 저한테 일을 시키던 사람에게 못하겠다고 통보하고 그만뒀습니다. 곧 경찰에서 연락이 올 것 같은데, 자수를 하는 게 맞을까요? 자수를 하면 선처받는 것이 맞나요?

A

'자수(自首)'는 범인이 스스로 수사기관에 대하여 자기의 범죄사실을 신고하여 그 수사와 소추를 구하는 의사표시를 의미합니다. 자수는 형법상 형의 임의적 감면사유입니다.(법 제52조 제1항) 즉 **자수를 하였다고 하여 무조건 형을 감경하거나 면제해주지는 않는다**는 뜻입니다. 그러나, 진심어린 자수는 실제로 많은 경우에 형의 감경사유로 작용하기도 합니다. 아래는 질문자의 사안과 유사한 보이스피싱 현금수거책 사건에서 자수를 감경사유로 참작한 판결문의 일부입니다.

"(전략) ③ 일부 범행에 대한 경찰조사를 받은 후 2020년 12월경 경찰서를 찾아가 여죄를 포함하는 보이스피싱 관련 범행들에 관하여 '자수'하였다고 볼 수 있는 점을 참작하고 (후략)"

한편, **수사기관의 질문이나 조사에 응하여 자신의 범죄사실에 대해 진술한 것은 자백일 뿐 자수라고 보지 않습니다.** 따라서, 자수를 할 생각이라면 수사기관의 출석요구가 있기 전에 먼저 수사기관에 자신의 범죄사실에 대해 신고하는 것이 나중에 자수의 진정성을 인정받을 수 있을 것으로 보입니다. 참고로 자수는 그 성격상 대리인이 아닌 범인이 직접 해야 하는 것이 원칙이지만, 범인의 부상이나 질병으로 인하여 다른 사람에게 부탁하여 신고하는 것 역시 자수에 해당한다고 보는 것이 일반적인 견해입니다.[9]

---

[9] 이재상, 조균석, 이창온,『형사소송법』, 2020년, 박영사 제220면

자수도 자신의 범죄혐의에 대해 밝히면서 처벌을 구하는 것이기 때문에 수사의 단서가 됩니다. 따라서 수사기관에서는 자수의 내용을 토대로 수사에 착수하여 이후 범죄혐의를 판단할 것으로 보입니다.

13
관할

Q

저는 건설업을 하고 있는데, 전에 추진하던 공사에서 인테리어업자에게 대금을 주지 못하고 돈 빌리고 못 갚은 것 때문에 사기죄로 고소를 당했습니다. 전주의 A 경찰서에서 고소장이 접수되었으니 조사받으러 와야 한다고 연락이 왔습니다. 공사현장도 전주이고 돈 빌린 장소도 전주이기는 한데, 제가 얼마 전에 서울로 이사를 왔고, 경제활동도 주로 서울에서 하고 있습니다. 그래서, 경찰관에게 사정을 이야기하고 사건을 제가 살고 있는 곳 근처 경찰서로 이송해 달라고 요청했더니 화를 내면서 무조건 전주에서 조사할 것이라고 합니다. 인터넷 검색을 해보니 집 근처 경찰서에서 조사를 받을 수 있다고 하는 것 같은데, 정말 방법이 없을까요?

A

어디서 수사를 받느냐는 나중에 형사재판을 받을 경우 어디에서 재판을 받을 것인지, 즉 형사재판의 토지관할과 직결되어 있는 문제입니다. 우리 형사소송법은 제4조 제1항에서 "**토지관할**은 **범죄지, 피고인의 주소, 거소 또는 현재지**로 한다."고 규정하고 있습니다. 한편 수사 시에 사건관할을 어떤 기준으로 정하는지는 경찰청 훈령인 「사건의 관할 및 관할사건수사에 관한 규칙」에 규정되어 있습니다. 동 규칙 제5조 제1항은 "**사건의 관할**은 **범죄지, 피의자의 주소, 거소 또는 현재지를 관할하는 경찰서**를 기준으로 한다."고 규정하고 있습니다. 토지관할에 대해 정한 위 형사소송법 규정에 상응하는 것이라 할 수 있습니다.

따라서, 전주 A 경찰서나 질문자가 살고 있는 서울의 경찰서가 모두 질문자 사건의 관할에 해당합니다. 하지만, 위 규칙의 다른 조항을 살펴보면, 피의자의 범죄지를 원칙적인 사건관할로 정한 것으로 보입니다.[10] 따라서, 피의자가 자신의 사건을 주거지 관할 경찰서로 옮겨달라는, 즉 이송 요청할 수 있는 권한이 있다고 보기는 어려울 것 같습니다. 물론, 피의자의 주거지 역시 엄연한 사건관할이기 때문에, 고소사건을 담당하고 있는 전주 A 경

---

10 제7조 제4항은 "제3항에 따른 사건의 이송은 원칙적으로 범죄지를 관할하는 관서에 우선적으로 하여야 한다. 다만, 범죄지가 분명하지 않거나 사건의 특성상 범죄지에 대한 수사가 실익이 없어 범죄지를 관할하는 관서에 이송하는 것이 불합리한 경우에는 피의자의 주소·거소 또는 현재지를 관할하는 관서로 이송할 수 있다."고 규정하고 있습니다.

찰서의 경찰관에게 주거지 관할 경찰서에서 수사를 받아야 할 필요성을 잘 설명하면서 사건이송을 요청한다면 담당경찰관 역시 사건을 이송해줄 수도 있을 것입니다.

그럼에도 불구하고, 경찰관이 범죄지 관할인 전주 A 경찰서에서 수사를 진행해야 한다는 입장을 고수한다면 '수사촉탁'이라는 제도를 활용해볼 수 있을 것 같습니다. 즉 담당경찰관은 현장 진출이 곤란한 경우 등에 수사 중 다른 경찰관서에 소재하는 수사 대상에 대하여 수사를 촉탁할 수 있는데, 질문자 역시 담당경찰관에게 사건이송이 어렵다면 수사촉탁을 통해 주거지 인근 경찰서에서 조사를 받게 해달라는 취지로 요청해야 할 것으로 보입니다.

14
진술거부권, 진술거부권 미고지

Q

저는 도심에서 보드카페를 운영하고 있습니다. 그런데, 어느 날 밤에 우락부락한 경찰관 7~8명이 업소에 들이닥치더니 저희 카페에서 성매매를 하는 것 아닌지 강하게 추궁하였습니다. 그러더니 A4 용지에 "성매매 알선 사실을 인정합니다."라고 기재되어 있는 종이를 보여주면서, 그 내용 그대로 자필로 진술서를 쓰라고 했습니다. 저는 처음에는 한사코 거부하였지만, 강압적인 분위기 때문에 마지못해 해당 서류에 서명하고 날인을 하였습니다. 경찰관들이 제가 작성한 진술서와 업소를 촬영한 사진을 갖고 돌아갔고, 경찰관 중 가장 고참으로 보이는 사람이 곧 저를 경찰서로 소환할 예정이라고 합니다. 제가 작성한 진술서 때문에 저는 하지도 않은 성매매 알선으로 처벌받게 되나요?

A

자신에게 불리한 사실에 대해 진술을 거부할 수 있는 권리는 우리 헌법에서도 보장하고 있는 기본권입니다. 헌법 제12조 제2항은 "모든 국민은 고문을 받지 아니하며, **형사상 자기에게 불리한 진술을 강요당하지 아니한다.**"라고 규정하고 있고, 형사소송법에서도 제244조의3 제1항에서 검사 또는 사법경찰관이 피의자를 신문하기 전에 고지해야 할 사항으로 "1. 일체의 진술을 하지 아니하거나 개개의 질문에 대하여 진술을 하지 아니할 수 있다는 것 2. 진술하지 아니하더라도 불이익을 받지 아니한다는 것 3. 진술을 거부할 권리를 포기하고 행한 진술은 법정에서 유죄의 증거로 사용될 수 있다는 것"을 규정하고 있습니다.

질문자의 경우에 피의자신문을 하는 것은 아니었지만, 자신의 범죄혐의를 인정하는 내용이 담긴 진술서를 작성하였기 때문에 그와 같은 진술서 작성 전 진술을 거부할 권리가 있다는 점이 고지되었어야 합니다. 경찰관의 진술거부권 고지 없이 작성된 진술서의 증거능력과 관련해서는 아래의 대법원 판례를 눈여겨 볼 필요가 있습니다.

즉 대법원 2009. 8. 20. 선고 2008도8213 판결에서는 "**피의자의 진술을 녹취 내지 기재한 서류 또는 문서가 수사기관에서의 조사과정에서 작성된 것이라면, 그것이 '진술조서, 진술서, 자술서'라는 형식을 취하였다고 하더라도 피의자신문 조서와 달리 볼**

수 없다. 형사소송법이 보장하는 피의자의 진술거부권은 헌법이 보장하는 형사상 자기에게 불리한 진술을 강요당하지 않는 자기부죄거부의 권리에 터잡은 것이므로, **수사기관이 피의자를 신문함에 있어서 피의자에게 미리 진술거부권을 고지하지 않은 때에는 그 피의자의 진술은 위법하게 수집된 증거로서 진술의 임의성이 인정되는 경우라도 증거능력이 부인되어야 한다.**"라고 판시하고 있습니다.

질문자의 경우에는 본인이 실제로 하지 않은 행동에 대해서 인정하는 내용의 진술서를 작성한 것이 다소 아쉽기는 합니다. 한편으로는 그런 상황에서 진술서에 날인을 거부하는 것이 쉽지 않을 수도 있다는 생각도 듭니다. 어찌 되었든, 피의자나 변호인은 향후 수사과정에서 위 진술서가 진술거부권의 고지 없이 작성된 위법한 것으로서 증거능력이 없다는 점을 적극적으로 주장하고 성매매 알선혐의에 대해 무죄 변론을 해야 할 것입니다.

15

송치와 불송치

Q

저는 중소기업을 운영하고 있는 업체 대표입니다. 전에 일하던 직원을 배임 등 몇 개의 죄명으로 고소를 했습니다. 얼마 전에 통지를 받았는데, 일부 혐의에 대해서는 '송치'했다고 하고, 일부 혐의에 대해서는 '불송치'했다고 합니다. 각각 무슨 말인가요?

A

종래 형사소송법 등에서는 경찰은 수사를 종결한 뒤 기소, 불기소 등 의견을 달아 검찰에 송치하도록 규정하고 있었으나, 2020년 형사소송법 개정으로 현재는 사법경찰관이 수사를 마친 후 범죄의 혐의가 인정되는 경우에만 사건을 검사에게 송치하도록 규정되어 있습니다. 즉 사법경찰관이 범죄혐의가 없다고 판단하면 불송치 결정을 할 수 있습니다. 물론 이때에도 사건을 불송치

하는 이유를 기재한 서면 및 수사서류를 검찰에 송부해야 합니다.[11]

일각에서는 이에 대해서 경찰에게 수사종결권을 준 것이라고 이야기하기도 하는데, 개정 형사소송법에 의하더라도 여전히 기소권은 검사에게만 있고, 불송치에 대해서도 여전히 검사의 통제를 받기 때문에 진정한 의미의 수사종결권을 부여한 것은 아니라고 말하기도 합니다. 어쨌든, 사법경찰관이 사건을 '불송치'한 것은 고소인의 고소에 대해 범죄혐의가 인정되지 않는다고 판단한 것입니다. 보통 증거불충분을 이유로 범죄혐의가 인정되지 않는다고 보는 경우가 많은데, 구체적인 불기소 이유에 대해서는 경찰이 처분결과 통지서에 첨부한 불기소 이유 부분을 참조하면 될 것 같습니다.

반대로 '송치'는 범죄혐의가 인정된다고 보아 검사에게 사건을 보낸 것입니다. **개정 형사소송법에 의하더라도 사건을 재판에 넘길 수 있는 권한 즉 기소권은 검사에게만 있기 때문에, 검사는 경찰이 송치한 사건기록을 검토해보고 기소여부를 결정하게 됩니다.** 물론 이 과정에서 경찰관의 기소의견에 문제가 있다

---

11 제245조의5(사법경찰관의 사건송치 등) 사법경찰관은 고소·고발 사건을 포함하여 범죄를 수사한 때에는 다음 각 호의 구분에 따른다.
1. 범죄의 혐의가 있다고 인정되는 경우에는 지체 없이 검사에게 사건을 송치하고, 관계 서류와 증거물을 검사에게 송부하여야 한다.
2. 그 밖의 경우에는 그 이유를 명시한 서면과 함께 관계 서류와 증거물을 지체 없이 검사에게 송부하여야 한다. 이 경우 검사는 송부받은 날부터 90일 이내에 사법경찰관에게 반환하여야 한다.

고 판단하면 경찰에 보완수사를 요구하거나 검찰에서 직접 수사하는 방법으로 추가수사를 한 뒤 기소여부를 결정하게 될 것입니다.

16
경찰의 불송치 결정에 대한 불복, 이의신청

Q

저와 수년 전부터 금전거래 관계에 있는 사람을 권리행사방해, 사기죄로 고소를 했는데, 경찰에서 불송치 결정을 했다고 합니다. 당연히 죄가 있다고 판단할 것으로 생각했는데, 저렇게 불송치 결정을 하면 나쁜 사람들한테 면죄부를 주는 거나 마찬가지 아닌가요? 저는 이제 어떻게 해야 하나요?

A

경찰의 불송치 결정에 대해서는 '이의신청'이라는 제도를 통해 불복할 수 있습니다. 경찰관이 불송치 결정을 한 요지와 그러한 판단의 부당성에 대해서 근거와 자료를 바탕으로 조목조목 상세히 기재하여 '이의신청서'를 제출해야 합니다. 이의신청서의 기본적인 포맷은 검사의 불기소 처분에 대한 불복제도인 항고에서의 항고장 및 항고이유서 작성과 비슷하다고 보면 됩니다.

한편, 이 **이의신청 기간에 대해서는 법에서 정하지 않고 있어, 사실상 혐의가 있다고 주장하는 범죄의 공소시효 기간 만료 전까지 할 수 있는 것으로 해석**되고 있습니다. 어떻게 보면 **피고소인(피의자) 입장에서는 언제든지 수사가 재개되어 처벌을 받을 가능성이 열려 있어 그 지위가 불안한 면이 있다고** 할 수 있습니다. 그렇기 때문에, 법조계에서도 꾸준히 이런 부당한 점에 대해 지적하고 개선이 필요하다는 목소리를 내고 있습니다.

고소인이 이의신청을 하게 되면 사건은 검찰청에 접수가 되고, '2022형제○○○○호' 이런 식으로 검찰 사건번호를 부여받고 담당검사가 배정됩니다. 유의할 것은 이의신청이 이유가 있다고 판단하여 사건번호가 부여된 것은 아니니, 검찰 사건번호를 받았다고 해서 검찰에서 고소인의 주장을 받아들여 줬다고 생각해서는 안 된다는 것입니다. 이후에는 검사가 이의신청서 및 수사기록을 검토하여 추가수사 필요 여부를 결정하게 됩니다.

17

공무원범죄 수사개시 등 통보

Q

지방자치단체 6급 공무원입니다. 얼마 전에 주차문제로 이웃과 말다툼을 한 적이 있는데, 그 이웃이 저한테 폭행당했다고 경찰에 고소했습니다. 그런데, 시비 중에 몸과 얼굴을 가까이 댄 적은 있지만, 맹세코 그 사람의 몸에 손을 댄 적은 없습니다. 이에 대해서는 목격자도 있고, CCTV도 확보되어 있으며, 경찰에서도 저에게 우호적으로 말을 해주었습니다. 결국 거의 무고에 가까운 고소인 것 같고, 별 문제될 것이 없다고 생각해서 안심하고 있었는데, 고소되고 얼마 지나지 않아 제가 근무하는 기관 총무과에 피소사실이 통보가 되었다고 합니다. 제가 딱히 잘못한 것은 없지만, 이웃 주민과 싸운 것 자체가 조금 부끄럽기도 하고, 이 사실이 청에 전부 알려져서 구설수에 오르는 것이 싫습니다. 제가 무슨 성범죄나 횡령, 뇌물 이런 큰 범죄를 저질렀다면 모를까, 무고에 가까운 고소사건에 대해서도 이렇게 통보가 되는 것이 맞는지 의문입니다.

A

'공무원범죄 수사개시 등 통보'라 하여 **공무원이 저지른 범죄에 대해서는 수사가 개시되었을 때와 수사가 종결되었을 때 10일 이내에 해당 공무원이 소속되어 있는 기관의 장에게 각각 수사개시 및 수사종결 사실을 통보해야 하는 제도**가 있습니다. 국가공무원법과 지방공무원법에 공통적으로 규정되어 있는 내용입니다. (국가공무원법 제83조 제3항, 지방공무원법 제73조 제3항) 이중 수사개시에 대해서는 수사개시가 구체적으로 언제를 의미하는 것인지에 대해서 논란이 있습니다.

질문자가 지적하셨듯이, 많은 공무원들이 억울한 고소를 당하기도 하는데, 모든 고소사건에서 단지 신분이 공무원이라는 이유만으로 무조건 피고소 사실 및 수사개시 사실을 소속기관에 통보해야 하는 것은 부당하다는 비판이 있는 것도 사실입니다. 따라서, 남고소로 인한 무분별한 통보를 막기 위해 실질적으로 혐의가 인정되는 경우로 수사개시의 통보를 제한해야 한다는 의견도 만만치 않습니다. 그러나, 고소장 접수 단계에서 수사 가치가 없는 사안인지를 명백하게 구별하는 것이 쉽지 않기 때문에, 실무적으로는 법령에 따라 부득이하게 고소장 접수로 수사개시된 사실을 공무원의 소속기관에 통보하고 있습니다.

결국 질문자도 현 단계에서는 수사 단계에서부터 본인의 억울함과 무고함을 잘 항변하여, 무혐의를 받아 본인의 명예를 회복하는 것만이 최선의 방법일 것으로 보입니다. 아울러, 고소가 허위사실에 기초하여 이뤄진 경우 형법상 무고죄를 구성할 수 있으므로, 질문자를 고소한 사람을 상대로 한 무고죄 고소 등 형사책임을 묻는 것 역시 검토해볼 수 있을 것입니다.

18
영장실질심사 절차, 발부 가능성

Q

20대 초반 아들이 특수절도로 영장실질심사를 받게 되었다고 합니다. 아들이 그런 일로 조사나 수사를 받는지도 몰랐는데, 친구들과 어울려 다니면서 나쁜 짓을 많이 한 것 같더라고요. 아들이 영장실질심사를 받게 되면 구속될 확률이 얼마나 되는지 궁금합니다. 또 이후 절차가 어떻게 진행되는지도 알고 싶습니다.

A

우리 형사소송법은 불구속수사의 원칙을 규정하고 있습니다. (법 제198조 제1항) 언론에서 "○○○에 대한 구속영장을 청구하였다.", "구속영장 청구를 검토 중이다.", "○○○에 대한 구속영장 실질심사가 언제 열린다." 등등의 내용을 쉴 새 없이 보도하는 바람에 일반인들은 마치 구속수사가 원칙인 것처럼 오해하기도 하지만, 형사절차에서는 엄연히 불구속수사가 원칙입니다.

그럼에도 불구하고, 수사기관에서 수사를 진행하다가 구속해서 수사할 필요가 있다고 판단되면, 피의자에 대해 구속영장을 신청(청구)하게 됩니다. 이때, 법관 앞에서 구속사유가 인정되는지에 대해 판단을 받아보는 절차가 영장실질심사(구속전피의자심문) 제도입니다. **구속사유는 범죄의 소명이 있고, 피고인이 증거를 인멸할 염려가 있는 때, 피고인이 도망하거나 도망할 염려가 있는 때이고, 범죄의 중대성, 재범의 위험성이나 피해자 및 중요 참고인 등에 대한 위해(危害)의 우려 등이 필요적 고려사항입니다.**

질문자 분이 가장 궁금해할 수밖에 없는 사항인 구속영장이 발부될 가능성은 너무 많은 변수가 있기 때문에 숫자로 말씀드리기는 곤란합니다. 참고로, 형사사법 통계에 의하면 **2020년 기준으로 구속청구 인용율은 81.3%, 즉 10건 구속영장을 청구하면 8건 정도는 발부가 되고, 2건 정도가 기각된다**고 볼 수 있으며, 발부율은 상당히 높은 편이라고 할 수 있습니다. 그럼에도 불구하고, 비교적 자신 있게 말씀드릴 수 있는 몇 가지 사항이 있다면 다음과 같습니다.

첫째, 피해자가 있는 사건의 경우에는 영장실질심사 기일 전후로 피해자와 합의가 되면 영장이 발부될 확률이 현저히 떨어진다고 할 수 있습니다. 다만, 영장실질심사는 시한이 매우 촉박하게 진행되기 때문에 기일 전후로 합의에 이르는 것은 현실적으로 어려운 편입니다.

둘째, 피의자가 뚜렷한 직업이 없거나 주거가 일정하지 않은 경우에는 영장이 발부될 가능성이 높습니다. 중형 선고가 예상되므로 임시거처 등을 쉽게 버리고 도주할 우려가 크다고 판단할 가능성이 높아지기 때문입니다.

한편 설령 영장이 기각된다고 하더라도, 질문하신 분 아들의 범죄혐의가 없다는 뜻은 아니고 단지 지금 당장은 구속수사의 필요성이 없는 것으로 보인다는 의미에 불과할 뿐입니다. 따라서, 이후 절차는 불구속 상태로 일반적인 형사절차와 같이 진행됩니다. 즉 경찰관이 사건을 검찰로 송치하면 검찰에서 보강수사나 경찰에 보완수사를 요구하는 등의 방법으로 추가수사를 하고 재판에 회부하여 최종적으로 판결 선고를 받게 되는 것입니다. 아들의 죄명이 특수절도이니 분명히 피해자가 있을 것이고, 피해자가 특정된다면 합의를 한 후 합의서를 영장전담 판사님에게 제시하여 선처를 호소해야 할 것으로 보입니다. 물론 합의는 양형의 필요조건이지 충분조건은 아니기 때문에, 합의가 되었다고 하더라도 구속영장 기각을 100퍼센트 장담할 수는 없지만, 앞서도 말씀드렸듯이 영장기각 가능성이 많이 높아지는 것은 사실입니다.

19
공소시효 도과 및 구제수단

Q

2009년 즈음에 친구에게 돈을 빌려주었는데, 아직까지 받지 못했습니다. 2020년에 고소를 하려고 준비하던 중, 법대를 졸업한 처남으로부터 제 사건은 공소시효가 이미 지났기 때문에 수사를 할 수 없을 것이라는 이야기를 들었습니다. 처남 이야기가 맞는 것인가요? 공소시효가 지났다면 처벌할 방법이 없는 것인가요?

A

'공소시효'란 검사가 일정한 기간 동안 공소를 제기하지 않고 방치하는 경우에 국가의 소추권(訴追權) 및 형벌권(刑罰權)을 소멸시키는 제도를 말합니다. 범죄행위 종료 시를 기준으로 하여 일정 기간이 지나면 공소시효가 완성되고, 더 이상 처벌할 수 없게 됩니다. 수사나 재판 도중 공소시효가 완성된 사실을 확인하게 되면, 수사기관에서는 '공소권 없음' 처분, 법원에서는 면소 판결을 하게 됩니다. 한편, 공소시효 기간은 각 죄명별로 다른데, 법정형이 기준이 됩니다.[12] 사기죄의 경우는 위 규정에 의거 공소시효 기간이 10년입니다.

따라서, 질문자 분의 처남 이야기는 일응 타당한 면이 있습니다. 하지만, 100퍼센트 맞는 이야기라고 할 수는 없습니다. 왜냐하면 우리 형사소송법에서는 **공소시효의 정지**에 대해 규정하고 있는데, 정지 사유 중 하나가 **"범인이 형사처분을 면할 목적으로 국외에 있는 경우"**입니다.(법 제253조 제3항) 이때 국외에 있는 기간은 공소시효가 정지됩니다. 질문자의 사안이 이러한 예외적인 경우에 해당하는 것이 아니라면, 공소시효가 도과하였기 때문에 친구를 처벌하기는 쉽지 않아 보입니다.

참고로, 공소시효의 도과여부는 수사기관에서 특히 신경 쓰는 문제입니다. 특히 피해자가 있는 범죄의 경우에는 더욱 공소

---

12   제249조(공소시효의 기간) ① 공소시효는 다음 기간의 경과로 완성한다.
1. 사형에 해당하는 범죄에는 25년
2. 무기징역 또는 무기금고에 해당하는 범죄에는 15년
3. 장기 10년 이상의 징역 또는 금고에 해당하는 범죄에는 10년
4. 장기 10년 미만의 징역 또는 금고에 해당하는 범죄에는 7년
5. 장기 5년 미만의 징역 또는 금고, 장기 10년 이상의 자격정지 또는 벌금에 해당하는 범죄에는 5년
6. 장기 5년 이상의 자격정지에 해당하는 범죄에는 3년
7. 장기 5년 미만의 자격정지, 구류, 과료 또는 몰수에 해당하는 범죄에는 1년

시효 문제를 신경 쓰지 않을 수 없습니다. 피해자의 고소권에 대한 명백한 침해이기 때문입니다. 만약 질문자의 사안이 고소는 한참 전에 했는데, 수사기관에서 사건 처리를 지연하는 바람에 공소시효를 도과한 경우에 해당한다면, 국가배상이나 손해배상 청구를 통해 정신적 손해를 보전받을 수 있습니다. 경찰관이 고소사건 피의자와 참고인이 출석하지 않는다는 등의 이유로 수사를 지연하다가 공소시효 기간을 도과한 경우 국가의 배상책임을 인정하여 고소인(민사소송의 원고)에게 위자료 300만 원을 지급하도록 한 사례도 있습니다.[13]

---

[13] 법률신문 2007. 12. 28. "경찰 늑장수사로 공소시효 도과…… 국가 배상책임"

20
피의자신문조서 열람 및 날인

Q

강제집행면탈죄로 재판 중에 있습니다. 경찰조사를 받을 당시 너무 바쁘기도 하고, 경찰관이 알아서 잘 썼으려니 하고 조서를 제대로 읽어보지 않은 채 서명도 하고 지장도 찍었던 것 같습니다. 그런데 재판을 받으면서 보니, 피의자신문조서에 제가 이야기한 것과 다른 내용 또는 제가 의도했던 것과 다른 의미로 기재되어 있는 것들이 많이 있었습니다. 재판과정에서 변호사나 판사한테 그런 뜻으로 말한 것이 아니라고 몇 번이나 이야기하였는데, 판사님은 제 이야기를 잘 안 믿는 것 같더라고요. 변호사는 실제 어떤 의도로 진술한 것인지를 판사님에게 잘 설명해야 할 것 같다는 이야기를 합니다. 제가 뭘 잘못한 것일까요?

A

우리 형사소송법 제244조는 피의자신문조서의 작성과 그 열람에 대해 규정하고 있습니다. 즉, 제244조 제1항은 "피의자의 진술은 조서에 기재를 하여야 한다."고 규정하며, 제2항은 "제1항의 조서는 피의자에게 열람하게 하거나 읽어 들려주어야 하며, 진술한 대로 기재되지 아니하였거나 사실과 다른 부분의 유무를 물어 피의자가 증감 또는 변경의 청구 등 이의를 제기하거나 의견을 진술한 때에는 이를 조서에 추가로 기재하여야 한다. 이 경우 피의자가 이의를 제기하였던 부분은 읽을 수 있도록 남겨두어야 한다."고 규정되어 있습니다.

이러한 규정들은 조서작성의 임의성과 관련되어 있습니다. 그런데, 많은 사람들이 '경찰관이 어련히 알아서 잘 썼겠지.'라든가 '귀찮다. 별 문제 없겠지.'와 같은 안일한 생각으로 조사를 마친 뒤 조서열람을 아예 하지 않거나 대충대충 하기도 합니다. 그러다 보니, 질문자의 사안처럼 조서에 피의자가 하지도 않은 말이 기재되어 있거나 말한 의도와는 다르게 표현되어 있는 경우가 종종 발생할 수 있습니다. 이때, "난 그런 말을 한 적 없어." 또는 "난 그런 뜻으로 말한 것이 아니었는데, 잘못 적혀 있네."라고 항변을 해도 잘 받아들여지지 않을 가능성이 높습니다. 피의자신문조서에는 피의자가 조서를 직접 열람하고 조서 내용이 이의 없음을 확인하였다는 취지로 자필기재를 하거나 무인 또는 도장을 찍도록 하는 장치가 마련되어 있기 때문입니다.

이러한 이유 때문에, 조사를 마친 뒤에는 피의자신문조서의 내용을 꼼꼼히 읽어봐야 합니다. 수사기관에서 악한 마음을 갖고 의도적으로 조서를 피의자에게 불리한 방향으로 조작하는 것과 같은 일은 현실에서 일어날 가능성이 거의 없지만, 기본적으로 수사기관은 범죄혐의를 찾으려는 입장에 있는 것이지 피의자의 변호인이 아니기 때문에 조서작성이 적절하게 되었는지를 꼼꼼하게 확인하는 자세가 필요합니다. 그렇지 않으면, 질문자의 경우처럼 나중에 공판과정에서 낭패를 볼 수 있습니다.

21

체포영장에 의한 체포

Q

저는 지인으로부터 1억 2,500만 원의 투자금을 편취했다고 사기죄로 고소를 당했습니다. 경찰에서 한 번 조사를 받았고, 이후 경찰관이 달라는 자료까지 팩스로 보내줬는데, 경찰관이 자꾸 저보고 경찰서에 또 나오라는 겁니다. 저는 사업상 바쁘기도 하고, 제 혐의를 벗는 데 필요한 서류나 자료는 다 준 것 같은데, 자꾸만 오라고 하니 짜증이 나서 경찰관과 실랑이를 벌이다 결국 못 간다고 하고 일에만 매진했습니다. 그러다가 다시 경찰과 연락이 되어서 경찰서에 갔더니, 경찰관이 제가 연락이 잘 안 되고 출석에 불응했기 때문에 체포영장이 발부되고 수배가 된 상태라면서 영장을 집행한다고 합니다. 제가 무슨 도망자도 아니고 법치주의, 민주주의 국가에서 이런 식으로 함부로 체포영장을 발부해도 되는 것인가요?

A

체포영장에 의한 체포가 인정되기 위한 요건은 범죄혐의의 상당성과 체포사유, 체포의 필요성입니다. 이중 '체포사유'는 피의자가 정당한 이유 없이 수사기관의 출석요구에 응하지 아니하거나 응하지 아니할 우려가 있는 것을 의미합니다.(형사소송법 제200조의2 제1항) 즉, 정당한 이유 없는 출석불응은 영장에 의한 체포사유가 될 수 있습니다.

수사기관 입장에서는 피의자 개개인의 사정을 일일이 다 봐줄 수 없고 수사를 언제까지나 보류할 수도 없기에, 피의자가 정당한 이유 없이 출석에 응하지 않는다고 판단하면 체포영장을 신청할 수밖에 없습니다. 단순히 몇 번 연락이 되지 않았다고 해서 곧바로 체포영장을 신청하는 것은 아니고, 피의자의 태도, 연락수단, 소재파악 여부 등을 종합적으로 고려하여 체포영장 신청여부를 결정하는 것입니다. 일률적으로 말할 수는 없겠지만, 병원 입원, 인생에서 중요한 시험의 임박 등을 출석에 응할 수 없는 정당한 사유의 예로 볼 수 있을 것입니다. 수사기관에서는 출석불응이나 소재불명 사실을 명확히 하기 위해, 피의자의 주거지나 근무지로 되어 있는 장소를 방문하는 등 소재탐지를 할 가능성도 높습니다.

따라서, 질문자 역시 다소 억울할 수도 있으나, 수사기관 입장에서도 질문자가 출석에 불응하거나 또 불응할 우려가 있다고 판단할 충분한 근거가 있다고 보이므로, 체포영장을 발부받아 집행까지 된 점에 대해서 수사기관을 책망하거나 억울해만 하기보다는 의도적으로 출석에 응하지 않으려고 했던 것은 아니라는 점을 잘 설명하고 추후 수사절차에 협조하는 모습을 보이는 것이 좋을 것 같습니다.

22
현행범 체포, 준현행범 체포

Q

음주운전을 하다가 교통사고를 낸 잘못을 저질렀습니다. 그런데, 저도 많이 다쳐 의식불명 상태에서 사고발생지 인근 병원으로 후송되었는데, 의식을 되찾았을 때 경찰관이 저를 현행범 체포 한다고 했습니다. 상식적으로 현행범이라고 하면, 실제 범행을 하고 있는 사람을 의미하는 것 같은데, 제가 현행범으로 불리는 이유를 알 수 없습니다. 이에 대한 설명 좀 부탁드립니다.

A

우리 형사소송법은 제211조 제1항에서 "범죄를 실행하고 있거나 실행하고 난 직후의 사람을 현행범인이라 한다."고 규정하고 있고, 이것이 보통 사람들의 인식 속에 있는 현행범의 개념입니다. 곧이어 제2항에서 일반인의 기준으로 다소 생소한 '준현행범' 개념이 등장합니다. **준현행범**이란 현행범인은 아니지만 현행범인으로 간주되는 자를 의미합니다. 법 제211조 제2항에서는 "**① 범인으로 불리며 추적되고 있을 때 ② 장물이나 범죄에 사용되었다고 인정하기에 충분한 흉기나 그 밖의 물건을 소지하고 있을 때 ③ 신체나 의복류에 증거가 될 만한 뚜렷한 흔적이 있을 때 ④ 누구냐고 묻자 도망하려고 할 때**"를 현행범인으로 본다고 규정하고 있습니다. 본래의 의미의 현행범은 아니지만, 정황상 현행범인에 준해서 취급하는 사유를 규정하고 있는 것입니다.

우리 대법원은 「음주운전 중 교통사고를 야기한 후 병원으로 후송되어 의식불명 상태에 빠져 있는 운전자의 신체 내지 의복류에서 주취로 인한 냄새가 심하게 난 사안」에서, "피의자의 신체 내지 의복류에 주취로 인한 냄새가 강하게 나는 등 형사소송법 제211조 제2항 제3호가 정하는 범죄의 증적이 현저한 준현행범인의 요건이 갖추어져 있고 교통사고 발생 시각으로부터 사회통념상 범행 직후라고 볼 수 있는 시간 내라면, 피의자의 생명·신체를 구조하기 위하여 사고현장으로부터 곧바로 후송된 병원 응급실 등의 장소는 형사소송법 제216조 제3항의 범죄 장소에 준한다 할 것이므로, (이하 생략)"라고 판시한 바 있습니다. (대법원 2012. 11. 15, 선고 2011도15258 판결)

질문자의 경우도 위 판례사안에서와 같이 준현행범의 요건을 갖춘 것으로 보입니다. 따라서, 본래의 의미의 현행범은 아니지만, 경찰관들이 질문자를 준현행범으로 판단하고 체포한 것에 큰 하자는 없어 보입니다.

23
긴급체포

Q

제 친척 이야기입니다. 매장에서 일을 하다가 절도죄 혐의로 긴급체포를 당했다고 합니다. 그런데, 이후 영장실질심사라는 것을 했는데, 거기서 판사가 구속영장을 기각했다고 하더라고요, 그렇다면 경찰관이 했던 긴급체포가 위법하거나 잘못된 것 아닌가요?

A

긴급체포란 수사기관이 중대한 죄를 범했다고 의심할 만한 상당한 이유가 있는 피의자를 긴급하게 체포할 사정이 있다고 판단하는 경우 법관이 발부한 영장 없이 체포하는 것을 말합니다. 현행범 체포와 더불어 체포에 있어 영장주의의 예외로 인정되는 경우에 해당합니다. 영장주의 원칙에 충실하다 중대한 범죄를 저지른 범인을 놓치는 것을 막기 위한 제도로 이해되고 있습니다. 형사소송법 제200조의3 제1항은 "검사 또는 사법경찰관은 피의자가 사형·무기 또는 장기 3년 이상의 징역이나 금고에 해당하는 죄를 범하였다고 의심할 만한 상당한 이유가 있고, 다음 각 호[14]의 어느 하나에 해당하는 사유가 있는 경우에 긴급을 요하여 지방법원판사의 체포영장을 받을 수 없는 때에는 그 사유를 알리고 영장 없이 피의자를 체포할 수 있다. 이 경우 긴급을 요한다 함은 피의자를 우연히 발견한 경우 등과 같이 체포영장을 받을 시간적 여유가 없는 때를 말한다."고 규정하고 있습니다.

결국 **긴급체포를 하기 위해서는 범죄의 중대성, 체포의 필요성, 체포의 긴급성이라는 요건을 구비해야** 한다고 할 수 있습니다. 이중에서 긴급체포의 위법성 관련하여 자주 문제가 되는 것이 바로 체포의 긴급성 요건입니다. 범죄의 중대성과 체포의 필요성 요건은 법문언상 비교적 그 의미가 명백한 데 반해, 체포의 긴급성 요건은 비록 법 제200조의3 제1항에서 구체적인 예시까지 들며 설명했지만 여전히 '영장을 받을 시간적 여유가 없는 때'라는 의미가 추상적 개념으로 남아있기 때문입니다.

우리 대법원은 긴급체포의 요건구비 여부가 쟁점이 된 사안에서, "(전략) **여기서 긴급체포의 요건을 갖추었는지 여부는 사**

---

14 1. 피의자가 증거를 인멸할 염려가 있는 때 2. 피의자가 도망하거나 도망할 우려가 있는 때

후에 밝혀진 사정을 기초로 판단하는 것이 아니라 체포 당시의 상황을 기초로 판단하여야 하고, 이에 관한 검사나 사법경찰관 등 수사 주체의 판단에는 상당한 재량의 여지가 있다고 할 것이나, 긴급체포 당시의 상황으로 보아서도 그 요건의 충족여부에 관한 검사나 사법경찰관의 판단이 경험칙에 비추어 현저히 합리성을 잃은 경우에는 그 체포는 위법한 체포라 할 것이다."고 판시한 바 있습니다. (대법원 2006. 9. 8, 선고 대판2006도148)

따라서, 긴급체포 후 구속영장이 기각되었다고 하여 그 사실만으로 긴급체포 자체가 위법했다고 단정하기는 어려울 것 같습니다. 긴급체포 요건과 구속영장 발부의 요건은 다른 부분도 많이 있기 때문입니다. 물론, 사안에서 긴급체포의 요건(범죄의 중대성, 체포의 필요성, 체포의 긴급성)을 구비하였는지 여부는 따져봐야 할 필요는 있을 것 같습니다. 참고로, 사법경찰관이 긴급체포제도를 남용하는 것을 막기 위해 우리 형사소송법은 "사법경찰관이 제1항의 규정에 의하여 피의자를 체포한 경우에는 즉시 검사의 승인을 얻어야 한다."(법 제200조의3 제2항)는 규정을 두고 있습니다.

24
체포 및 구속기간

Q

죽마고우인 친구가 공무집행방해죄, 업무방해죄로 경찰서 유치장에 있다가 얼마 전에 검찰로 송치되었다는 이야기를 들었습니다. 수사기관에서의 체포나 구속은 며칠이나 가능한 것인가요?

A

수사기관에서 범죄혐의가 있는 사람을 인신구속한 뒤 수사하는 방법에는 체포와 구속 두 종류가 있습니다. 체포는 상당한 범죄혐의가 있고 일정한 체포사유(출석불응 또는 출석불응의 우려)가 존재하는 경우 단기간 피의자를 수사관서 등 일정한 장소에 강제로 인치하는 제도를 의미합니다.(형사소송법 제200조의2) 구속은 범죄혐의가 소명이 되고 증거인멸, 도주우려 등이 있는 경우 비교적 장시간 피의자를 구치소 등에 강제로 인치하는 제도

입니다. (법 제201조)

체포에는 현행범 체포, 긴급체포, 영장에 의한 체포 이렇게 세 종류가 있는데, **체포로 인한 인신 구속은 그 종류를 불문하고 48시간까지 가능**합니다. 즉 48시간 이전에 구속영장을 청구하지 않으면, 수사의 필요성이 있다고 하더라도 일단 무조건 석방하여야 합니다.

사법경찰관은 피의자에 대하여 구속영장이 발부되어 구속이 되었더라도 체포 후 10일 이내에 사건을 검찰로 송치(피의자를 인치)해야 하고, 그렇지 않으면 피의자를 석방해야 합니다. (법 제202조) 송치(인치) 후 검사는 원칙적으로 피의자를 10일간 구속할 수 있으며, 1회에 한하여 구속기간을 연장할 수 있습니다. 검사는 이 기간 내에 기소하지 않으면 피의자를 석방하여 불구속 상태에서 수사해야 합니다. 따라서, **수사기관에서의 구속기간은 최대 30일(경찰 10일 + 검찰 20일)**이라고 보면 됩니다.

25
거짓말탐지기 검사결과의 증거능력 등

Q

백화점에 들어가다 입구에 떨어진 지갑 안 신용카드를 꺼내 가져 갔다는 혐의로 경찰에서 조사를 받았습니다. 제가 지갑 안 카드를 가져가는 장면이 CCTV에 찍혔다고 하는데, 사실 저는 당시 지갑을 발견하고 호기심에 지갑을 주워 살펴보기는 했지만 카드를 꺼내간 사실이 전혀 없습니다. 신용카드 어차피 가져가서 쓰지도 못하는데, 제가 그것을 훔치는 짓을 왜 하겠습니까? 아마 제 다음 동작을 보고 저를 의심하는 것 같은데, 저는 정말 카드를 훔치지 않았기 때문에 너무 억울한 입장입니다. 경찰관에게 이런 억울함을 호소했더니, 거짓말탐지기 검사를 한 번 해보자고 합니다. 거짓말탐지기 해도 되나요? 만약 거짓말탐지기를 안 하겠다고 하면 어떻게 될까요? 안 좋게 생각하지 않을까요?

A

널리 알려져 있듯이, 우리 법원은 거짓말탐지기검사(정식 명칭은 '심리생리검사'입니다.) 결과의 증거능력을 인정하고 있지 않습니다. 즉 법정에서 피고인을 유죄로 판단하기 위한 증거로 사용할 수 없다는 뜻입니다. 그럼에도 불구하고, 수사실무에서는 거짓말탐지기를 수사기법의 하나로 널리 활용하고 있습니다. **거짓말탐지기 검사는 임의수사이기 때문에, 수사기관이라고 하더라도 이를 강제할 수는 없습니다.** 또한, 원칙적으로는 **거짓말탐지기 검사에 응하지 않는 것을 피의자의 혐의유무 판단에 불리한 근거로 사용해서는 안 됩니다.** 일부 외국법에서는 "거짓말탐지기 검사 거부사실을 증거로 사용할 수 없다."고 아예 명문으로 규정하고 있기도 합니다.

그러나 실무적으로 판단하자면, 거짓말탐지기 검사의 거부가 검사나 수사관의 심증 형성에 좋지 않은 인상을 줄 여지는 있습니다. 거짓말탐지기 검사를 거부했다는 사실 자체로 혐의가 있다고 단정하지는 않겠지만, '무엇인가 켕기는 게 있으니까, 자신 없으니까 검사를 안 받겠다고 하는 것 아냐?' 이런 식으로 생각할 수도 있을 것입니다. 이상과 현실 사이에 괴리가 있는 부분이라고 할 수 있습니다. 이런 경우에는 해당 사안의 성격, 다른 증거관계, 피의자의 의사 및 성향, 변호인이 있는 경우 변호인의 심리생리검사에 대한 가치관 등에 따라서 사안별로 입장을 정해야 하는데, 현재 상황에서는 딱히 정답이 없는 문제로 보입니다.

26

임의제출물 압수 (1)

Q

성범죄로 경찰조사를 받았습니다. 첫 조사를 마친 뒤 경찰관이 저더러 휴대전화를 내놓으라고 하더라고요. 제 개인정보가 담겨 있기 때문에 거절하였더니, 경찰관이 하는 말이 휴대전화를 당장 제출하지 않더라도 어차피 자기들이 영장을 발부받아 포렌식을 할 것이라고 합니다. 그래도 저는 함부로 휴대전화를 내줘서는 안 될 것 같아 그냥 다음에 내겠다고 하고, 경찰서를 나왔습니다. 지금 구체적으로 어떤 상황인가요?

A

경찰관이 현재 수사 중인 사건의 물증 확보 또는 여죄(餘罪) 수사를 위해 휴대전화의 제출을 요구하는 것으로 보입니다. '성범죄'로 조사를 받았다고 하였는데, 특히 성폭력처벌법상의 '카메라

이용촬영' 사건이라면 더욱 추가 범죄혐의를 밝히기 위해 휴대전화 제출을 요구하는 경우가 많습니다. 우리 형사소송법은 영장주의의 예외로 압수·수색영장 없이 물건을 압수·수색할 수 있는 사유를 몇 가지 규정하고 있는데, 법 제218조에서 규정하고 있는 임의제출을 통한 압수 역시 이에 해당합니다. **법 제218조는 "검사, 사법경찰관은 피의자 기타인의 유류한 물건이나 소유자, 소지자 또는 보관자가 임의로 제출한 물건을 영장 없이 압수할 수 있다."고 규정**하고 있습니다. 외형적으로는 피의자 등이 자발적으로 교부해주는 것처럼 되어 있으나 그 실질은 강제수사의 일종이라고 할 수 있습니다. 따라서, 임의제출 형식으로 물건을 제출한다고 하더라도, 수사기관은 압수목록을 작성하여 임의제출한 물건의 소유자 등에게 교부해주어야 합니다. (법 제219조, 제129조)

그런데, 질문자의 사안에서 경찰관이 이야기한 것처럼 피의자가 임의제출을 거부하는 경우, 수사기관 입장에서 피의자의 추가 범죄혐의가 충분하다고 판단하면 압수·수색이 필요한 사유를 소명하여 법원으로부터 압수·수색영장을 발부받은 뒤 영장을 집행하여 압수하는 것이 가능합니다. 참고로, 수사기관의 압수·수색영장 청구 시 그 발부율은 90% 정도로 꽤 높은 편입니다.

27

임의제출물 압수 (2)

Q

저는 불금을 즐기러 친구들과 클럽에 간 적이 있습니다. 클럽에서 모르는 사람들과 합석하게 되었고, 그 사람들이 주는 술을 몇 잔 받아 마셨습니다. 술맛이 조금 이상했지만 분위기에 휩쓸려 술을 마시고 나니 기분이 매우 좋아졌고 즐거운 하룻밤을 보냈습니다. 그런데 며칠 후 경찰서에서 전화가 와서 마약류관리에관한법률 위반 혐의가 있으니 조사받으러 경찰서에 나오라고 했습니다. 형사가 안 나오면 체포될 수도 있다면서 겁을 주는 바람에 너무 무섭고 두려워져서 전화를 끊자마자 경찰서로 출두했습니다. 조사를 받는 도중에 소변과 모발 채취를 하겠다고 하는데, 저는 주기가 싫습니다. 오줌과 머리털을 맘대로 가져가는 건 인권침해 아닌가요?

A

최근에는 연예인뿐만 아니라 일반인들 사이에서도 마약사범이 증가하고 있는 추세입니다. 마약사범들은 마약투약 혐의를 부인하는 경우가 대부분입니다. 반면, 마약투약 혐의를 입증할 수 있는 대표적인 증거물이 모발이나 소변 검사를 통한 검사결과입니다.[15] 모발과 관련해서는 증거를 없애기 위해 경찰조사를 앞둔 마약 피의자들이 전신 왁싱을 하는 경우도 있습니다.

어쨌든, 마약투약 혐의를 비교적 쉽게 입증할 수 있는 방법이 모발이나 소변 검사이기 때문에, 수사기관은 당사자(피의자)에게 모발이나 소변 채취를 요구하는 경우가 많습니다. 보통 당사자가 수사기관이 내미는 서류에 검사에 동의한다는 취지의 서명을 하고 모발검사나 소변검사에 응하게 됩니다. 문제는 질문자가 궁금해하는 것처럼 모발검사나 소변검사를 거부하는 경우 어떻게 되는가 하는 것입니다. 이때에도 수사기관은 법원으로부터 압수·수색영장을 발부받아 모발이나 소변을 채취할 수 있습니다. 아무래도 모발에 비해 소변의 경우에는 현실적으로 영장집행을 하기 어렵거나 앞서 말씀드린 이유로 영장집행의 실효성이 떨어질 가능성이 높습니다.

15　일반적으로 소변검사는 마약투약을 감지할 수 있는 기간도 짧고, 그 결과의 정확도도 떨어지는 것으로 알려져 있으며, 따라서 수사기관에서는 모발검사를 보다 선호하고 그 결과에 대해서도 신뢰하고 있습니다.

참고로 최근 우리 대법원은 "압수·수색의 방법으로 소변을 채취하는 경우 압수대상물인 피의자의 소변을 확보하기 위한 수사기관의 노력에도 불구하고, 피의자가 인근 병원 응급실 등 소변 채취에 적합한 장소로 이동하는 것에 동의하지 않거나 저항하는 등 임의동행을 기대할 수 없는 사정이 있는 때 수사기관이 소변 채취에 적합한 장소로 피의자를 데려가기 위해서 필요 최소한의 유형력을 행사하는 것이 허용된다. 이는 형사소송법 제219조, 제120조 제1항에서 정한 '압수·수색영장의 집행에 필요한 처분'에 해당한다고 보아야 한다. 그렇지 않으면 피의자의 신체와 건강을 해칠 위험이 적고 피의자의 굴욕감을 최소화하기 위하여 마련된 절차에 따른 강제 채뇨가 불가능하여 압수영장의 목적을 달성할 방법이 없기 때문이다."고 판시한 바 있습니다. (대법원 2018. 7. 12, 선고 2018도6219 판결)

질문자가 마약투약 혐의에 대해 떳떳하다면, 소변이나 모발 채취에 응하는 등 수사에 적극적으로 협조하는 모습을 보일 필요가 있습니다. 클럽에서 술을 건네준 사람 때문에 찜찜해하는 것으로 보이는데, 이와 같이 자신도 모르게 마약투약을 당하는 경우를 "몰(래)뽕"이라는 은어로 부르기도 합니다. 만약 본인은 떳떳함에도 모발검사 등 결과에서 마약성분이 검출되었다면, 몰래뽕 주장을 통해 무고함을 다퉈야 할 것으로 보입니다. 실제 담당했던 사례 중에, 수사기관에서 실시한 모발검사 결과 필로폰 성분이 검출되었지만, 재판과정에서 지속적으로 몰래뽕 가능성과 공소사실 기재 범죄일시 특정 등 문제를 제기하며 변론을 한 끝에 무죄선고를 받은 사례도 있었습니다.

28

검사의 보완수사 요구

Q

지인에게 돈을 갈취하려고 했다는 공갈미수 혐의로 수사 중에 있습니다. 경찰조사 후 사건이 검찰로 송치되었다는 연락을 받았는데, 다시 얼마 뒤 검찰청으로부터 '보완수사 요구'라고 적혀 있는 통지서를 받았습니다. 제 생각에는 제가 혐의도 다 인정하고 해서 보완수사를 할 것이 없을 것 같은데, 검사가 왜 경찰관에게 보완수사 요구를 했는지 궁금하기도 하고, 굉장히 불안하고 찝찝한 마음이 듭니다.

A

형사소송법은 검사가 사법경찰관이 송치한 사건의 공소제기 여부 결정 또는 공소의 유지에 필요한 경우 그 이유와 내용 등을 구체적으로 적은 서면으로 사법경찰관에게 보완수사를 요구할 수 있도록 규정하였습니다.(법 제197조의2 제1항 제1호) 종래 검사의 사법경찰관에 대한 '수사지휘'가 '보완수사 요구'로 바뀐 것이라고 할 수 있습니다.

질문자의 경우처럼 많은 분들이 검찰에서 경찰에 보완수사 요구를 하는 이유나 내용에 대해 궁금해합니다. 검사가 검찰송치 전 경찰수사 내용에 미심쩍은 것이 있다든가 여죄 수사가 필요하다고 판단했을 수도 있지만, 경우에 따라서는 누락된 첨부자료의 보완 등 비교적 사소하거나 혐의유무 판단에 직접적인 관계가 없는 내용 때문에 보완수사 요구를 하기도 합니다.

따라서, 검사의 보완수사 요구가 있어 수사 진행 중이라는 통지를 받았다고 하더라도 지나치게 위축되거나 두려워할 필요까지는 없습니다. 어떻게 보면, 2021년부터 시행된 검·경 수사권 조정에 따라 종래에는 검사실 수사관을 통해 진행하던 보완수사가 경찰관들에 대한 보완수사 요구 형태로 변모한 것이라고 할 수 있습니다. 참고로 검사의 보완수사 요구가 경찰관에게 전달되기까지는 며칠이 걸리므로, 검찰청으로부터 보완수사 요구를 하였다는 취지의 문자메시지를 받은 직후에는 경찰에 그 내용을 문의하여도 경찰관이 답변을 잘 못할 수도 있습니다. 보완수사 요구의 내용에 따라 필요한 경우 경찰관이 피의자에게 자료제출이나 출석 등을 요구할 수도 있으므로, 별도의 연락이 있기 전까지 기다리고 있으면 됩니다.

29

계좌추적용 압수·수색영장

Q

어느 날 갑자기 은행에서 통지를 받았습니다. 뭐라고 잔뜩 써 있긴 한데, 결론은 수사기관에서 수사 목적으로 제 계좌를 열어봤다는 소리로 들립니다. 은행에서 온 서류에 적혀 있는 피혐의자라는 사람의 이름은 전혀 알지도 못하는데, 제 계좌를 열어본 이유를 아무리 생각해도 알 수 없습니다. 아무리 법원이나 수사기관이라도 이렇게 마음대로 제 계좌를 까봐도 되는 것입니까?

A

금융기관 종사자가 계좌 명의인의 명시적인 요구나 동의 없이 금융거래의 내용에 대한 정보나 자료를 제3자에게 제공하거나 누설해서는 안 된다는 것은 지극히 당연합니다. 「금융실명거래 및 비밀보장에 관한 법률」에서도 "타인에게 금융거래 정보, 자료 등을 제공, 누설하는 행위"를 금지하고 있고(법 제4조), 이를 위배하여 제공, 누설하는 경우에는 5년 이하의 징역 또는 5천만 원 이하의 벌금에 처할 수 있도록 규정하고 있습니다.(법 제6조 제1항) 다만, 법에서는 몇 가지 예외사유를 두고 있는데 "법원의 제출명령 또는 법관이 발부한 영장에 따른 거래정보 등의 제공"이 대표적인 예에 해당합니다. 수사기관이 수사 진행 중 특정계좌의 거래내역 등을 확인할 필요가 있다고 판단하였는데, 피험의자가 계좌 거래내역 등의 임의제출을 거부하거나 혐의와 직접적인 관련이 없는 계좌 명의인으로부터 수사협조를 기대하기 어려운 경우, 법원에 금융기관 계좌에 대한 압수·수색영장을 청구한 뒤 영장을 발부받아 집행하곤 합니다. 실무상으로는 계좌추적용 압수·수색영장을 발부받습니다.

한편, 위 법은 제4조의2 제1항에서 거래정보 등의 제공 이후 일정 기간 내에 **계좌 명의인에게 제공한 거래정보 등의 주요 내용, 사용 목적, 제공받은 자 및 제공일 등을 서면으로 통보하여야 함**을 규정하고 있습니다. 그러면서도 몇 가지 사유의 경우에는 **일정 기간 그 통보를 유예할 수 있도록 허용**하고 있습니다.(법 제4조의2 제2항) ① 해당 통보가 사람의 생명이나 신체의 안전을 위협할 우려가 있는 경우 ② **해당 통보가 증거인멸, 증인위협 등 공정한 사법절차의 진행을 방해할 우려가 명백한 경우** ③ 해당 통보가 질문·조사 등의 행정절차의 진행을 방해하거나 과도하게 지연시킬 우려가 명백한 경우가 통보를 유예하는 사유입니다.

수사실무에서는 위 ②를 이유로 금융기관에 계좌 명의인에게 일정 기간 통보를 유예하도록 요청하는 것이 일반적입니다.

정리하면, 계좌 명의인 입장에서는 수사기관이 본인의 동의 없이 계좌의 거래내역을 확인하고, 또 이를 뒤늦게 통지해준 것에 대해 충분히 기분 나쁠 수 있는 상황이지만, 위 수사기관과 금융기관의 조치는 법에 의한 것으로서 어떤 하자도 없다고 볼 수 있습니다.

30
검찰수사, 검찰조사 (1)

Q

교제 중인 남자친구가 있는데 사기, 사문서위조, 위조사문서행사 건으로 검찰에서 조사를 받았습니다. 그런데, 아침 10시에 들어가서 저녁이나 밤늦게까지 하루 종일 조사를 받고 귀가하기를 반복하고 있는 것 같습니다. 2주 사이에 5~6번 정도 조사를 받은 것 같더라고요. 변호사와 함께 조사를 받았다고는 하지만, 너무 걱정이 됩니다. 남자친구는 제가 물으면 신경 쓰지 말라고 짜증만 냅니다. 이렇게 가혹하게 조사를 받아도 되는 것인가요? 야간조사 이런 것들도 금지되는 것 아닌가요?

A

제한된 정보만으로 현재 상황에 대해 섣불리 이야기할 수는 없을 것 같습니다. 질문에 들어 있는 사실관계나 관계법령 등을 토대로 현재 상황에 대해 설명해보도록 하겠습니다. 먼저 심야조사의 경우, 법령에서 심야조사에 대해서 규정한 조문을 살펴볼 필요가 있습니다. 대통령령인 「검사와 사법경찰관의 상호협력과 일반적 수사준칙에 관한 규정」에서는 피의자나 사건관계인에 대해 **오후 9시부터 오전 6시까지 사이에 조사를 해서는 안 된다**고 하면서도 **이미 작성된 조서의 열람을 위한 절차는 자정 이전까지 진행할 수 있다**고 규정하고 있습니다. (규정 제21조 제1항) 한편 위 규정 제2항에서는 심야조사를 할 수 있는 예외적인 사유에 대해 규정하고 있는데, ① 피의자를 체포한 후 48시간 이내에 구속영장의 청구 또는 신청여부를 판단하기 위해 불가피한 경우 ② 공소시효가 임박한 경우 ③ 피의자나 사건관계인이 출국, 입원, 원거리 거주, 직업상 사유 등 재출석이 곤란한 구체적인 사유를 들어 심야조사를 요청한 경우(변호인이 심야조사에 동의하지 않는다는 의사를 명시한 경우는 제외)로서 해당 요청에 상당한 이유가 있다고 인정되는 경우 ④ 그 밖에 사건의 성질 등을 고려할 때 심야조사가 불가피하다고 판단되는 경우 등 법무부장관, 경찰청장 또는 해양경찰청장이 정하는 경우로서 검사 또는 사법경찰관의 소속기관의 장이 지정하는 인권보호 책임자의 허가 등을 받은 경우가 이에 해당합니다.

질문자의 남자친구가 질문자가 걱정하는 것처럼 법에서 금지된 심야조사를 받는 것인지 여부부터 명확하지 않기 때문에 현 상황에 대해 쉽게 이야기할 수는 없을 것 같습니다. 앞서 말씀드린 대로, 조사 자체는 진즉 끝났으나 조서열람 때문에 검사실을 나오는 시간이 상당히 늦어진 것일 수도 있고, 위 규정에서 규정하고 있는 심야조사가 예외적으로 허용되는 경우에 해당할 수도 있기 때문입니다. 다만, 질문자의 이야기에 기초하여 생각해보면, 남자친구에 대해 구속영장을 청구하는 사안은 아닌 것으로 보이고, 공소시효가 얼마 남지 않은 범죄에 대해서 수사하거나 사건의 성격상 심야조사가 불가피한 경우에 해당하는 것으로 보이기는 하지만, 정확한 사정은 당사자에게 직접 이야기를 들어봐야 확인이 가능할 것 같습니다.

따라서, 단순히 밤늦게 귀가하였다는 사실만으로 법령에서 금지하는 심야조사를 받았다고 단정할 수는 없을 것 같고, 특히 변호인이 선임되어 있다고 하면 변호인 조력 하에 적절히 방어권을 행사할 것으로 예상되기 때문에 더욱 걱정하지 않아도 될 것 같습니다. 마찬가지로, 자주 조사를 받는 것 자체도 큰 문제는 없어 보입니다. 사실관계가 복잡하거나 쟁점이 많아서 불가피하게 여러 번에 걸쳐 나눠 조사를 하는 것으로 보입니다.

31

검찰수사, 검찰조사 (2)

Q

경찰에서 업무방해죄로 조사를 두 차례 정도 받았고, 이에 대해 억울함을 주장했지만, 제 사건을 맡은 경찰관은 검사님에게 사정을 이야기하면 선처받을 수 있다고 하면서 사건을 '기소' 의견으로 송치했습니다. 그래서, 검찰에 억울하다고 생각되는 점도 작성하고 자료도 첨부해서 서면으로 제출했습니다. 이후 검찰에서 연락 오기만을 기다리고 있었는데, 검찰에서 저를 단 한 번도 부르지 않고 조사도 하지 않고 재판으로 넘겨버렸습니다. 이렇게 검찰에서 피의자를 조사하지 않고 재판으로 넘기기도 하나요? 저는 이제 어떻게 해야 하나요?

경찰에서 '기소' 의견으로 사건을 송치하는 경우, 검찰에서 추가

수사나 조사를 해야 하는 것이 의무는 아니기 때문에 질문자의 사례처럼 당사자를 부르지 않고 사건을 처리하는 경우가 충분히 발생할 수 있습니다. 특히 일시적이고 특수한 상황이기는 하지만, 검찰에서는 코로나19로 인해 한동안 대면조사를 줄이기도 했고, 검·경수사권 조정의 결과로 검찰의 직접 수사 및 조사의 빈도가 과거에 비해 줄어든 것도 사실입니다.

물론 경찰수사 단계에서 자신의 입장이나 억울한 점을 충분히 표현하지 못했다고 생각한 당사자 입장에서는 어떻게든 혐의를 벗어나려고 할 것입니다. 따라서 본인은 무혐의를 주장하고 있는데 경찰이 사건을 검찰로 송치한 경우에는 검찰수사 단계에서 억울한 부분을 적극 어필해야 합니다. 물론 그렇다고 해서 검찰에서 무조건 피의자의 주장을 수용하거나 출석을 요구하여 피의자의 입장에 대해 들어주고 추가조사를 하는 것은 아닙니다. 이미 기소가 된 현 시점에서는 공판에서 치열하게 무죄를 다툴 수밖에 없을 것 같습니다.

32

검찰청 수사과·조사과

Q

얼마 전에 지인으로부터 횡령, 사기로 고소를 당했습니다. 그래서, 경찰에서 연락 오기를 기다리고 있었는데, 검찰청 조사과라는 곳에서 검찰수사관이 전화를 해서 언제 나오라고 하더라고요. 그래서, 제가 예전에 검찰에서 조사받을 때가 생각이 나서, "왜 경찰에서 날 부르지 않고 검사실에서 바로 부르는 것이냐?"라고 물었더니, 검찰수사관이 "검사실이 아니고 조사과 수사관이다. 우리도 당신을 수사하고 검사실로 송치한다."라고 하더라고요. 이 수사관이 한 말이 맞는 내용인가요? 혹시 보이스피싱 같은 것은 아니겠지요?

A

많은 사람들이 검찰청에서는 검사만 수사를 하는 것으로 잘못 알고 있는데, 사실 검찰청에는 검사의 몇 배에 이르는 검찰수사관들이 근무하고 있습니다. 이들 중에는 검사를 보좌하여 또는 독립적으로 수사 업무를 하는 사람들도 있고 총무과, 집행과, 사건과, 공판과와 같은 사무국에서 조직운영, 형집행 등 비수사 업무를 하는 사람들도 있습니다. 수사 인원 중에는 형사부 검사실이 아니라 수사과, 조사과와 같이 조직상으로는 사무국 소속이지만 수사 업무를 담당하는 부서에서 근무하는 사람들도 있습니다.

검찰청 수사과, 조사과는 일선 경찰서의 경제팀, 지능팀처럼 고소장 접수 단계에서부터 사건을 맡아 수사를 진행하고 검사실에 송치하는 역할을 합니다. 검찰청 안에서 경찰서의 경제팀, 지능팀 같은 기능을 한다고 보면 됩니다. 2021년부터 시행된 검·경 수사권 조정으로 인해 검찰에서 직접 수사할 수 있는 사건의 범위가 축소되었습니다. 그럼에도 피해액(아직 수사 중인 사건이므로 '고소장에 기재된 피해액'이라고 표현하는 것이 더 정확할 것 같습니다.)이 5억 원이 넘는 사건의 경우에는 여전히 검찰에서 직접 수사를 할 수 있고, 이때 검찰에서는 우선 특정 검사에게 사건을 배당한 뒤 다시 검찰청 수사과 또는 조사과에 수사지휘를 내리는 식으로 사건이 진행됩니다. 수사과, 조사과의 검찰수사관은 사건을 수사한 뒤 검사실로 사건을 송치하게 됩니다.

아마 질문자를 고소한 사람이 고소장에 피해액을 5억 원 이상으로 기재하여, 검찰청에 직접 고소를 하였을 가능성이 높습니다. 질문자가 생각하는 것처럼 보이스피싱은 아닌 것으로 보이며, 이후 경찰서에서 조사를 받는 것과 같이 고소에 대응하여 조사 및 수사에 임해야 할 것 같습니다.

33
군검찰

Q

군복무 중인 아들이 군대 내에서 가혹행위와 군인추행 건으로 수사를 받았습니다. 부대로부터 전해 듣기로 군경찰에서 조사를 받고 군검찰로 송치가 되었다고 합니다. 아들이 군인 신분이니 군경찰, 군검찰에서 수사를 받는 것은 이해가 됩니다. 군경찰, 군검찰이 일반 경찰이나 검찰과 다른 점이 있나요? 그리고, 당연히 재판도 군사법원에서 받겠지요?

A

군대라는 특수한 조직, 집단 내에서 벌어지는 형사사건을 다루기 위한 특별한 형사절차가 마련되어 있습니다. 이에 대해서 군사법원법에서 규율하고 있으며, 군사법원법은 군대라는 특수한 조직 내에서 벌어지는 형사사건을 다루기 위한 특별한 형사절차로서 일반 형사재판을 규율하는 형사소송법과 기본적인 구조 및 내용이 상당히 유사합니다.

하지만, 군사법원법은 군인 등의 형사사건에 대해 수사하고 재판하는 인력인 군사경찰, 군검사, 군판사 등에 대해 규정하고 있다는 점에서 형사소송법과 다른 특색이 있습니다. 또한, 일반 경찰, 검사, 판사가 각 행정안전부, 법무부, 사법부 소속 공무원인 데 반해 군사경찰, 군검사, 군판사는 모두 기본적으로 국방부 소속 공무원입니다.

우선, 군사경찰은 과거 헌병(MP, Military Police)이라고 불렸던 인력입니다. 헌병이라는 용어가 일제시대의 잔재라고 하여, 2020년 2월부터 군사경찰이라는 용어로 변경되었습니다. 이들은 군인, 군무원 등의 형사사건, 즉 군사법원법에서 규율하고 있는 사건들에 대한 수사(임의수사, 강제수사 포함)를 담당합니다. 일반 경찰과 다른 점이 있다면, 군사경찰은 수사종결권(정확히 말하면, '불송치 결정권')을 갖고 있지 않기 때문에 기소 또는 불기소 관계 없이 수사 후 반드시 사건을 군검찰에 송치해야 한다는 점(군사법원법 제283조 제1항)입니다. 한편, 군사경찰에는 일선 경찰서에서는 볼 수 없는 특수 조직인 탈영병 체포조(DP, Deserter Pursuit)가 있습니다. 얼마 전 이를 소재로 한 드라마가 방영되기도 했었는데, 이 DP가 군사경찰의 한 부류입니다. 군검사, 군검찰은 일반 검사, 일반 검찰과 유사한 기능을 합니다.

즉 군검사의 경우 범죄수사와 공소제기 및 그 유지, 군사법원 등 재판집행의 지휘, 감독과 다른 법령에 따라 그 권한으로 규정한 사항에 관하여 직무를 수행합니다. (법 제37조)

군인 신분인 질문자의 아들이 군복무 중에 저지른 군형법 위반혐의에 대해서 군사법원에서 재판을 받는 것은 너무 당연합니다. 혹시, 질문의 취지가 아들이 전역하면 일반 법원에서 재판받을 수 있지 않을까 하는 것이라면, 군사법원법 제2조 제3항의 규정상 군사법원의 결정에 의해 사건이 재판권이 있는 심급의 법원으로 이송되어 해당 법원에서 재판을 받을 수 있다는 점을 말씀드리고 싶습니다.

34
부검

Q

얼마 전에 모친께서 갑작스레 돌아가셨습니다. 저를 비롯한 가족들은 평소 모친이 다른 사람과 원한관계에 있었던 것도 없고, 스스로 목숨을 끊을 만한 상황도 아닌 것 같고 해서 조용히 장례를 치뤘으면 하는 생각입니다. 그런데, 변사체 검시를 왔던 검사가 자연사라고 단정하기 어렵다는 이유로 경찰에 부검 지휘를 했다고 합니다. 저희 가족이 경찰에게 따졌지만, 부검은 강제수사이고 법원의 영장이 발부되면 할 수 있는 것이기 때문에 법적으로 아무 문제가 없다고 합니다. 유족의 동의 없이 부검을 한다는 것이 말이 되나요?

A

변사의 사전적인 의미는 '예기치 않은 사고나 재난으로 죽음'이고, 같은 맥락에서 변사체(變死體)의 사전적 의미는 '자연사나 병사(病死)가 아닌 사고, 재난, 자살 따위로 돌연히 죽은 사람의 시체'입니다. 쉽게 이야기해서, 혹시 범죄로 인해 죽음을 당하게 된 것은 아닌지를 확인하는 절차가 변사체 검시라고 할 수 있습니다. 형사소송법은 변사자 검시에 대해 "변사자 또는 변사의 의심 있는 사체가 있는 때에는 그 소재지를 관할하는 지방검찰청 검사가 검시하여야 한다."라고 규정하고 있습니다(제222조 제1항) 그런데, **변사체 검시를 행한 검사가 검시를 통해 해당 변사체가 범죄와 관련이 있다고 생각하거나, 범죄와 관련이 있는 것은 아닌지 의심되는 경우에는 사체를 바로 유족에게 인도하지 않고 사체 부검을 지휘할 수 있습니다.**

부검(剖檢)은 우리가 흔히 알고 있는 대로, 사체를 해부하여 사망의 원인을 밝혀내는 작업을 의미합니다. 부검도 형사절차에서 사실을 밝혀내기 위해 오관의 작용을 이용하여 실시하는 검증, 즉 강제수사의 일종에 해당합니다. 따라서, **수사기관은 지방법원 판사로부터 압수·수색·검증영장을 발부받아 사체를 부검할 수 있는데**(법 제215조), 통상 부검을 위한 압수·수색·검증영장이라는 것을 따로 발부받아 사체 부검을 실시합니다. 또한, **부검은 강제수사의 일종이기 때문에, 유족의 동의가 반드시 필요하지는 않습니다.** 따라서, 질문자가 말씀하신 경찰관의 설명이 부적절한 것은 없어 보입니다.

그런데, 이와 같은 설명은 지극히 논리적이고 법리적으로도 아무 문제가 없다고 하더라도 일반인들, 특히 설문에서와 같은 유족의 입장에서는 부검을 감정상 수용하기 어려운 것이 사실입니다. 그래서, 실제로 질문자의 사례와 같이 사체의 처리에 관한 유족과 수사기관 사이의 이견이 존재하여 갈등이 생기기도 합니다.

35
기소유예

Q

성범죄로 수사를 받고 있었는데, 검찰에서 연락이 와서 기소유예 처분을 해준다고 합니다. 처벌을 하지 않고 좀 봐준다는 의미인 것은 대략적으로 알고 있습니다. 좀 더 구체적으로 알 수 있을까요?

A

'**기소유예**'는 **범죄혐의가 인정되고 재판에 넘길 수 있는 소송 조건이 갖춰졌으나, 범인의 연령, 성행, 지능과 환경, 범행의 동기, 수단과 결과, 범행 후의 정황 등을 참작하여 공소를 제기하지 아니하는 경우**를 의미합니다. (형사소송법 제247조) 위 참작사유는

형법 제51조에서 규정하고 있는 내용입니다.[16]

이해하기 쉽게 풀어서 설명하자면, 피의자가 반성하는 모습을 보이고 있고, 초범이고, 범죄의 정도가 그다지 심하지 않은 경우에는 검사가 기소유예 처분을 해줄 가능성이 있다는 뜻입니다. 피해자가 있는 사건에서는 피해자와의 합의 등 피해회복이 양형 판단에 중요한 요소가 될 것입니다. 최근 검·경 수사권 조정 및 형사소송법 개정으로 경찰관에게도 무혐의로 판단하는 사안에 대해 '불송치 결정'을 할 수 있는 권한을 주었지만, 여전히 기소유예 처분은 검사만이 할 수 있습니다.

한편, 많은 사람들이 '기소유예' 처분을 쉽게 받을 수 있는 것으로 잘못 생각하기도 하는데, 실무적으로 기소유예 처분을 받는 것이 생각보다 쉽지 않습니다. 피해자가 있는 범죄의 경우에는 피해자와의 합의가 있어야 하고, 범죄전력이 있어서도 안 되고, 죄질도 아주 나쁘지 않아야 하며, 기타 여러 양형조건들이 양호해야 합니다. 같은 맥락에서 피해자와 합의가 된다고 해서 무조건 기소유예 처분을 받을 수 있는 것도 아닙니다.

---

16 형법 제51조(양형의 조건) 형을 정함에 있어서는 다음 사항을 참작하여야 한다.
1. 범인의 연령, 성행, 지능과 환경
2. 피해자에 대한 관계
3. 범행의 동기, 수단과 결과
4. 범행 후의 정황

참고로, 기소유예 처분도 기소를 하지 않는다는 의미에서 검사의 불기소 처분의 하나로 분류되기는 하지만 엄연히 범죄혐의가 인정되는 상황에서 여러 양형사유를 참작한 후 기소하지 않는 것뿐입니다. 따라서, 기소유예 후 고소인이 피고소인을 상대로 불법행위로 인한 손해배상청구를 하는 경우 금액의 많고 적음을 떠나 청구 자체는 인용될 가능성이 높습니다.

36

선도조건부 기소유예

Q

만 17세 아들이 학교폭력에 연루되어서 수사를 받다가 검사로부터 선도조건부 기소유예라는 것을 받았습니다. 교도소 같은 데 가거나 법원에서 재판을 받지 않게 되어 다행이라고 생각하고 있습니다. 그런데, 이 선도조건부 기소유예란 것이 구체적으로 무엇인가요?

A

'**선도조건부 기소유예**'란 검사가 19세 미만의 소년이 범죄를 저지른 경우 소년보호 사건이나 일반 형사사건으로 처리하지 않고, **범죄예방자원봉사위원의 선도나 소년의 선도·교육과 관련된 단체·시설에서의 상담·교육·활동 등을 받게 하고 기소유예 처분을 해주는 것**을 말합니다. (소년법 제49조의3) 소년은 개선의 가능성이 열려 있다는 점을 고려하여, 국가의 형벌권 개입을 최대한 자제하고 지역사회의 도움을 통해 소년을 개선, 교화하려는 취지에서 고안된 제도입니다. 참고로, 소년법 제49조의2에서는 "검사는 소년 피의사건에 대하여 처분을 결정하기 위하여 필요하다고 인정하면, 피의자의 주거지나 검찰청 소재지를 관할하는 보호관찰소의 장 등에게 피의자의 품행, 경력, 생활환경이나 그 밖에 필요한 사항에 관한 조사를 요구할 수 있다."는 취지의 '검사의 결정 전 조사'에 대해 규정하고 있습니다. 즉, 소년 피의자에 대하여 어떤 처분을 할지 결정하기 위해서 우선 보호관찰소 등에 소년의 품행 등 조사를 하게 한 뒤 이 내용을 토대로 형사처분, 소년보호 처분, 기소유예 처분 등을 선택하는 것입니다.

소년 피의자에 대한 선도를 담당하는 '범죄예방자원봉사위원'은 각 지방검찰청 검사장의 위촉을 받아 범죄를 저지른 소년들에 대한 선도, 범죄예방 등의 일을 하는 분들입니다. 주로 지역사회에서 명망이 있는 사람들 중에서 추천되어 검사장의 위촉으로 범죄예방자원봉사위원이 되는 것입니다. 보통 줄여서 '범방위원'이라고 부르는데, '청소년 선도위원'이라고 불리기도 합니다. 구체적으로 청소년들을 대상으로 한 상담은 범죄예방 지구협의회 사무실이나 카페 등에서 진행됩니다. 한편, 범죄예방자원봉사위원의 교육, 캠페인 활동 등은 지역 교육청과 협력하여 학교에서 강연을 하거나 청소년이 많은 밀집지역을 순시하면서 유해업소 점검 또는 생활지도를 하는 형식으로 이루어집니다.

37
교육조건부 기소유예

Q

강제추행으로 수사를 받다가 피해자와 합의한 뒤 검사님이 선처를 해주셔서 기소유예 처분을 받았습니다. 그런데, 성폭력 관련해서 교육을 20시간인가 받아야 한다고 하더라고요. 교육조건부 기소유예라고 하는데, 이게 무슨 뜻인가요?

A

말 그대로 검사가 기소유예 처분을 하면서 일정 교육 이수를 조건으로 기소유예 처분을 해주는 것을 의미합니다. 여기서 말하는 일정 교육이라는 것은 성범죄 성격에 따라, '존스쿨(성구매자) 교육', '성폭력치료 프로그램', '발달장애 교육' 등등 여러 가지가 있습니다. 이러한 교육조건부 기소유예는 성범죄에만 국한되는 것은 아니고 교통범죄 사범, 저작권범죄 사범, 가정폭력 사범 등 다양한 범죄에 부과 가능합니다.

쉽게 예상할 수 있는 일이지만, 기소유예 처분과 함께 부과된 교육 프로그램을 이행하지 않으면 기소유예가 취소되고 벌금형 등의 선고가 가능합니다. 따라서 어떤 이유나 사정으로 교육을 이수하기가 곤란하면, 보호관찰소 등 형 집행기관이나 교육기관에 사정을 설명하고 교육연기를 해야 합니다. 그렇지 않으면, 어렵게 받은 교육조건부 기소유예 처분이 취소되어 처벌받는 불이익을 받게 될 가능성이 높습니다.

38
불기소 처분과 전과, 그리고 전과의 의미

Q

> 기소유예는 결국 사건을 재판에 넘기지 않는 불기소 처분이라고 알고 있습니다. 그렇다면, 기소유예 처분을 받는 경우에는 전과기록이 남지 않는 것인가요? 그리고 경찰조사를 받을 때 수사관이 전과 있냐고 묻기에, 특별히 기억나는 게 없어 "없다."고 대답했더니 아주 오래전에 향토예비군 설치법으로 벌금 20만 원인가 받은 것에 대해 이야기하면서 짜증을 내더라고요. 제가 대답을 잘못한 것인가요?

A

우리가 흔히 전과(前科)라고 하는 것은 범죄경력을 의미하며, **범죄경력에는 징역, 금고의 실형이나 집행유예는 물론 벌금형 등이 모두 포함**됩니다. 많은 사람들이 전과라고 하면, 교도소에서 복역하는 것 내지는 최소한 집행유예 이상의 형을 선고받는 것만을 전과라고 생각하기도 하는데, 이는 전과의 개념을 제대로 알지 못해 생기는 오해입니다. 질문자의 경우 수사관이 전과가 있냐고 묻기보다는 '형사처벌을 받은 전력이 있냐?' 또는 '벌금 등 처분받은 적 있냐?'와 같이 보다 친절하게 질문을 했더라면, 질문자가 정확하게 대답할 수도 있었을 텐데 하는 아쉬움이 남습니다.

이와 같은 범죄경력은 경찰청에서 관리하는 범죄경력 조회서를 통해 확인이 가능합니다. 한편, 위 범죄경력 조회서에는 처벌받은 전력 이외에 수사경력이라는 것도 기재되는데, 이는 말 그대로 수사기관에서 수사를 받은 전력을 의미합니다. 수사 단계에서 기소유예, 혐의없음, 공소권 없음 처분 등을 받거나 재판에서 공소기각 결정(판결), 면소판결 등을 받은 경우를 포함하는 것입니다. 기소유예는 불기소 처분이기 때문에 당연히 전과기록으로는 남지 않지만, 수사기관에서 참고하는 수사경력에는 기재됩니다.

39
변호인과의 접견교통권

Q

아들이 말하기 껄끄러운 범죄로 현재 구치소에 수감 중입니다. 그런데, 아들과 접견하기가 너무 힘듭니다. 남편과는 오래전에 이혼했고, 저는 일 때문에 시간을 내기가 쉽지가 않은 데다가 코로나 때문에 일반인 접견에 제한이 많이 있다고 합니다. 그래서, 변호인 선임을 해서 변호인을 통해 아들과 소통할까 생각하고 있습니다. 이런 제 생각이 어떤가요?

A

체포 또는 구속된 피의자의 변호인과의 접견교통권은 헌법에서 보장하고 있는 기본권입니다. 헌법 제12조 제4항에서는 "누구든지 체포 또는 구속을 당한 때에는 즉시 변호인의 조력을 받을 권리를 가진다."고 규정하고 있습니다. 형사소송법에서는 "변호인이나 변호인이 되려는 자는 신체가 구속된 피고인 또는 피의자와 접견하고 서류나 물건을 수수(授受)할 수 있으며 의사로 하여금 피고인이나 피의자를 진료하게 할 수 있다."고 하여 변호인의 권리 형태로 규정해 놓고 있습니다. (법 제34조)

한편, 「형의 집행 및 수용자의 처우에 관한 법률」(이하 '형집행법')에서는 위 형사소송법 제34조의 내용을 보다 구체화하고 있습니다. 즉 **형집행법 제84조 제1항**에서는 "제41조 제4항[17]에도 불구하고 **미결수용자와 변호인(변호인이 되려고 하는 사람을 포함한다.)과의 접견에는 교도관이 참여하지 못하며 그 내용을 청취 또는 녹취하지 못한다.** 다만, 보이는 거리에서 미결수용자를 관찰할 수 있다."고 규정하고 있고, 같은 조 제2항에서는 "미결수용자와 변호인 간의 접견은 시간과 횟수를 제한하지 아니한다."고 규정하고 있습니다. 즉, 미결수용자와 변호인과의 접견 시에는 가족, 지인 등 일반인 접견과 달리 접견 내용의 청취, 녹취가 허용되지 않으며, 시간과 횟수 측면에서도 일반인 접견에 비해 허용되는 범위가 넓습니다.[18] 따라서, 질문자 역시 변호인을 선

---

17   제41조(접견) ④ 소장은 다음 각 호의 어느 하나에 해당하는 사유가 있으면 교도관으로 하여금 수용자의 접견 내용을 청취·기록·녹음 또는 녹화하게 할 수 있다.
1. 범죄의 증거를 인멸하거나 형사 법령에 저촉되는 행위를 할 우려가 있는 때
2. 수형자의 교화 또는 건전한 사회복귀를 위하여 필요한 때
3. 시설의 안전과 질서유지를 위하여 필요한 때

18   물론, 법문언 그대로 접견 시간과 횟수에 아무 제한이 없다는 것은 아니고 야간, 주말 등 관공서 업무시간 그리고 다른 변호인, 수용자와의 시간배분 문제 등 현실적인 제약이 존재하기는 합니다.

임하여 사건을 진행하면 단순히 사건 진행뿐만 아니라 아들이 외부와 소통하는 데 있어서도 많은 도움을 받을 수 있을 것으로 보입니다.

40
비변호인과의 접견·교통권, 접견 금지

Q

저희 부부가 불미스러운 형사사건에 연루되어서 조사를 받고, 남편은 검찰수사 단계에서 구속이 되었습니다. 구속된 남편을 면회하러 구치소에 갔더니, 검사가 접견금지 처분을 해놔서 접견이 안 된다고 하더라고요. 아무리 죄인이라도 피의자나 피고인에게는 접견·교통권이라는 것이 있는 것으로 알고 있는데, 이거 명백한 인권침해 아닌가요? 검사나 구치소장에게 따지려고 하는데 어떻게 해야 할까요?

A

변호인과의 접견·교통권과는 달리, 비변호인과의 접견·교통권의 경우에는 폭넓은 제한이 있습니다. 우리 형사소송법은 제91조(변호인 아닌 자와의 접견·교통)에서, "법원은 도망하거나 범죄의 증거를 인멸할 염려가 있다고 인정할 만한 상당한 이유가 있는 때에는 직권 또는 검사의 청구에 의하여 결정으로 구속된 피고인과 제34조에 규정한 외의 타인과의 접견을 금지할 수 있고, 서류나 그 밖의 물건을 수수하지 못하게 하거나 검열 또는 압수할 수 있다. 다만, 의류·양식·의료품은 수수를 금지하거나 압수할 수 없다."라고 규정하고 있습니다. 구금된 자의 외부와의 교통이라는 기본권과 실체적 진실 발견을 통한 적정한 형벌권 확보라는 공익과의 조화를 꾀하려는 입법자의 결단으로 보입니다.

지금 부부가 공범으로 의심받는 경우라면, 구속되어 있는 남편이 질문자를 포함해 외부인과 공모해 증거를 인멸할 가능성이 있다는 판단 하에 수사기관이나 법원에서 접견 금지를 한 것으로 보이고, 그러한 판단은 정당한 이유가 있어 보입니다. 특히, 구치소장이나 구치소 직원의 경우에는 수사기관이나 법원의 결정을 집행하는 것에 불과하므로, 구치소 측을 상대로 이의를 제기할 수는 없을 것으로 보입니다.

41
수사상 증거보전 절차

특수폭행과 손괴죄로 검찰조사까지 받았는데, 검사가 사건을 곧 재판에 넘길 것이라고 하더라고요. 저는 손괴죄에 대해서는 인정하지만, 흉기를 들어 사람을 때린 사실은 없기 때문에 경찰과 검찰에서 계속 그 점에 대해 이야기하면서 사건현장에 있는 CCTV를 확보해 달라고 요구를 했는데, 묵살 당했습니다. 여기저기 문의해보니 증거보전 절차라는 것이 있다고 하던데, 증거보전 절차가 무엇인가요?

A

'증거보전'이란 공판정에서의 정상적인 증거조사가 있을 때까지 기다려서는 증거방법의 사용이 불가능하거나 현저히 곤란하게 될 염려가 있는 경우에 검사·피고인·피의자 또는 변호인의 청구

에 의하여 판사가 미리 증거조사를 하여 그 결과를 보전해두는 제도를 의미합니다. (형사소송법 제184조) 증거보전 절차는 주로 피의자 또는 피고인에게 유리한 증거를 수집하고 보전하기 위한 처분으로 이해됩니다.[19] 형사입건이 되기 전 단계의 사람은 피의자가 아니므로 증거보전을 청구할 수 없습니다. 따라서, 어떠한 사건의 결정적인 증거라고 해서 사건 발생 직후 임의대로 증거보전을 청구할 수는 없습니다. 동 절차에서는 증거를 보전하지 않으면 증거의 사용이 곤란할 것이라는 '증거보전의 필요성' 요건이 핵심적인 부분입니다. **증거의 사용 곤란**에는 **그 증거조사가 곤란한 경우**는 물론 **증명력의 변화가 예상되는 경우도 포함**됩니다.

증거보전은 증거보전청구서라는 서면으로 ① 사건의 개요 ② 증명할 사실 ③ 증거 및 보전의 방법 ④ 증거보전을 필요로 하는 사유를 기재하여야 합니다. (형사소송규칙 제92조) 참고로, 증거보전 절차는 형사소송에서보다 가사소송에서 자주 활용되고 있습니다. 특히 상간소송 등에서는 모텔 등 CCTV에 찍힌 영상이 부정행위의 결정적 증거가 되는 경우가 많고, CCTV 저장장치의 용량 등의 문제로 증거보전의 필요성이 인정되는 경우 역시 많기 때문입니다.

---

19 이재상, 조균석, 이창온, 『형사소송법』, 2020년, 박영사 제370면

42
기소중지제도

Q

제 지인 중 하나가 몇 년간 갚은 명목으로 저에게서 3억 원을 빌려갔습니다. 나중에 알고 보니 그 사람이 돈을 빌려가면서 제게 했던 이야기들은 다 새빨간 거짓말이었고, 빌려간 돈은 전혀 엉뚱한 데 사용한 것으로 밝혀졌습니다. 여러 차례 돈을 돌려줄 것을 요청했지만, 지인은 말로만 곧 갚겠다고 하고 차일피일 변제를 미루다가 아예 연락을 끊어버렸습니다. 결국 저는 그 사람을 상대로 형사고소를 하였고, 얼마 뒤 사건이 검찰로 송치되었다고 들었습니다. 그런데, 얼마 전에 검찰에서 사건에 대해 기소중지 처분을 하였다고 통지가 왔습니다. 이게 무슨 뜻인가요?

A

질문자의 지인이 저지른 행동은 '용도사기'라 하여 사기죄가 성립

할 수 있을 것으로 보이고, 그렇기 때문에 경찰에서도 수사를 하여 '기소' 의견으로 송치한 것으로 보입니다. 그런데, 검찰수사 단계에서 피의자에 대해서 추가로 수사를 하려고 하였는데, 피의자가 출석에 응하지 않거나 소재파악이 어렵게 되어 검찰에서 체포영장을 발부받아 지명수배를 한 것 같습니다. 이때, 피의자에 대한 체포영장을 발부받아 지명수배를 하면서 사건을 일시적으로 중지시키는 것을 '기소중지'라고 합니다. '기소중지'는 피의자의 소재불명, 질병, 해외여행 등 사유로 현 상황에서 피의자에 대한 수사를 종결할 수 없는 경우 그 사유가 해소될 때까지 잠정적으로 절차를 중지하는 검사의 처분을 의미합니다.

차후에 불심검문 등으로 피의자의 소재가 발견된 경우 체포영장을 집행하면서 지명수배를 해제하고 사건을 재기하게 됩니다. 참고로 사안과 같은 검찰수사 단계가 아니라, 경찰수사 단계에서 기소중지를 하는 경우에는 이를 '수사중지' 처분이라고 부르기도 합니다.

43

시한부 기소중지

Q

고등학교 동창인 20년 지기 친구가 있습니다. 이 친구가 저를 배신하고 저에게 몹쓸 짓을 했습니다. 거두절미하고, 제가 이 친구를 사기, 사문서위조 및 위조사문서행사로 고소를 했고, 사건이 검찰에 있던 중 검찰로부터 통지문을 하나 받았습니다. 바로 '시한부 기소중지'라고 되어 있던데, 어떤 내용인가요?

A

'시한부 기소중지'란 피의자의 소재불명이나 참고인 등의 소재불명 이외의 일정 사유로 인해 사건을 종결할 수 없는 경우 그 사유가 해소될 때까지 더 이상 수사를 진행하지 않는 취지의 불기소(기소중지) 결정을 하는 것을 의미합니다. (검찰사건사무규칙 제120조)

가장 **전형적인 사유가 심리생리검사(거짓말탐지기 검사)나 각종 전문기관의 자문 또는 감정의 결과 회신이 올 때까지 사건을 기소중지 처분하는 것**입니다. 그 밖에 최근 검찰에서 활성화되어 있는 **형사조정 절차로 사건을 회부할 경우에도 그 결과의 회신이 올 때까지 사건을 잠정적으로 기소중지하는 것** 역시 **전형적인 시한부 기소중지 처분의 사유**입니다.

만약 질문자가 시한부 기소중지 처분 통지를 받기 전에 검찰청으로부터 형사조정과 관련된 안내를 받고 형사조정 절차 회부에 동의한 것이 아니라면, 상대방 즉 피고소인이 자신의 혐의를 강력 부인하여 거짓말탐지기 검사를 위해 사건을 거짓말탐지기 검사를 하는 심리생리검사실로 보내고 그 결과가 나올 때까지 사건을 기소중지한 것일 수도 있습니다. 또는 피고소인이 위조 사실을 부인하고 있어 필적, 인장 등 문서 감정을 위해 사건을 한국법과학연구원 같은 전문기관에 보낸 뒤 그 결과를 기다리기 위한 절차일 수도 있습니다. 가장 확실한 방법은 검찰청 담당검사실에 직접 시한부 기소중지를 한 구체적인 사유에 대해 문의하여 확인하는 것입니다. 참고로 시한부 기소중지 결정 이후 그 사유가 해소되어 사건이 다시 검사실로 돌아오는 경우 새로운 사건번호를 부여하게 되어 있습니다.

44
지명수배, 지명통보

Q

투자금 명목으로 3천만 원을 가져가고 잠적해버린 사람을 상대로 사기죄로 경찰에 고소했습니다. 그런데, 담당경찰관이 하는 말이 여러 모로 봤을 때 혐의가 인정되는 것 같기는 한데, 피고소인이 잠적을 해서 진술을 들을 수 없기 때문에 최종적인 결론을 내릴 수는 없고, 일단 지명통보를 하면서 사건을 기소중지해야 할 것 같다고 합니다. 그러면서, 지명통보는 지명수배랑 비슷한 것이긴 한데, 조금 다르다고 합니다. 구체적으로 무슨 뜻인가요?

A

대검찰청 예규인 「기소중지자 지명수배·통보지침」에 따르면 "법정형이 사형, 무기 또는 장기 3년 이상의 징역이나 금고에 해당하는 죄를 범하였다고 의심할 만한 상당한 이유가 있어 체포영장 또는 구속영장이 발부된 자" 및 "지명통보 대상자 중 지명수배의 필요가 있어 영장이 발부된 자"에 대하여는 '지명수배'를 하고, **"법정형이 장기 3년 미만의 징역 또는 금고, 벌금에 해당하는 죄**를 범하였다고 의심할 만한 상당한 이유가 있고 **수사기관의 출석요구에 응하지 아니하고 소재수사 결과 소재불명인 자**"에 대하여는 '**지명통보**'를 하는 것으로 규정하고 있습니다.

지명수배를 하는 경우에는 검사 또는 사법경찰관이 피의자에 대하여 체포영장을 발부받으면서 검찰청 전산에 지명수배자로 입력을 하게 됩니다. 반면, 지명통보의 경우에는 전산에 지명통보 대상자로 입력되기는 하지만, 영장을 발부받는 것이 아니기 때문에 피의자가 추후 불심검문이나 우연한 기회에 지명통보자로 확인되더라도 체포되는 것이 아니라, 지명통보한 관서에 연락을 취해 추후 출석을 약속받기만 합니다.

법정형의 장기가 3년 미만의 징역에 해당하는 범죄는 그렇게 많지 않기 때문에, 사실상 대부분의 범죄가 체포영장 등을 필요로 하는 지명수배의 대상이 될 수 있습니다. 이에, 위 지침에서는 **"법정형이 장기 3년 이상의 징역이나 금고에 해당하는 죄를 범하였다고 의심되더라도 사안이 경미하거나 기록상 혐의를 인정키 어려운 자로서 출석요구에 불응하고 소재가 불명인 자에 대하여는 지명통보할 수 있는 것"**으로 규정하여, 지명수배의 대상을 제한하고 있습니다.

45
참고인중지제도

Q

제 돈을 떼어먹은 사람이 있어 그 사람과 그 사람에게 계좌를 빌려준 사람을 사기죄로 고소를 했습니다. 그런데, 사건이 검찰로 넘어간 뒤 연락을 기다리고 있는데, 참고인 중지 처분을 내린다고 합니다. 검찰청 민원실에 전화하여 안내를 받아서 참고인 중지 처분이 무엇인지에 대해서는 대략적으로 이해했습니다. 하지만 제가 생각하기에 별로 중요한 참고인도 아닌 것 같은데, 왜 굳이 그 사람 진술을 들어봐야 한다며 참고인 중지 처분을 하는 것인지 이해가 되지 않습니다. 이러한 처분에 불복하거나 검찰을 통해 수사를 재개할 수 있는 방법은 없는 것인가요?

질문자 분께서 말씀하신 대로 '참고인 중지'란 사건에 대해 주요

사실을 알고 있는 사람이 소재불명된 경우에 내리는 중간 처분의 일종입니다. 예를 들면, 범죄혐의를 명확하게 입증하기 위해서는 피해자나 제3자의 진술이 필요한데, 연락이 두절되거나 소재가 파악이 되지 않아 그 사람의 진술을 들을 수 없는 경우 수사기관에서는 사건을 마냥 방치할 수 없으므로 부득이하게 '참고인 중지' 처분을 하게 됩니다. 참고로 A와 B가 함께 고소되어 수사를 받는 공동피의자의 경우에, A의 혐의 유무를 밝히기 위해 B의 진술이 꼭 필요한데 B가 소재불명이 된 경우에도 B에 대해서는 기소중지를 하면서 A에 대해서는 참고인 중지 처분을 합니다. A와 B가 공동피의자이기는 하지만, A의 범죄혐의를 밝히는 데 있어 B는 참고인의 지위와 비슷하다고 할 수 있기 때문입니다.

참고로, **검찰청**에는 참고인 중지사건을 담당하는 직원이 있어 **'참고인 등 소재수사요청지휘부'를 편철, 관리하고 매 분기 1회 이상 참고인 등에 대한 소재수사**를 행하고 있습니다. 참고인 중지 처분의 남발로 수사가 불필요하게 지연 또는 공전되는 것을 막기 위한 것입니다.

참고인 중지도 검사가 내리는 불기소 처분의 일종이기 때문에, 검사의 참고인 중지 처분에 대해서는 통지를 받은 날로부터 30일 이내에 불기소 처분을 한 검사가 소속한 검찰청의 관할 고등검찰청에 '항고'하는 방법으로 그 부당성을 다툴 수 있습니다. (검찰청법 제10조 제1항, 제4항)

46

형사조정제도

Q

저는 인테리어 공사업자입니다. 오랜 지인이 가게를 오픈한다고 하여 계약서도 쓰지 않고 공사를 해주었는데, 대금 1,000만 원을 받지 못했습니다. 그래서, 지인에게 이를 따졌더니 오히려 공사의 흠을 문제 삼으면서 저를 폭행하는 어처구니 없는 일이 발생했습니다. 그래서 법으로 해결하기 위해 사기죄와 폭행죄로 고소를 했습니다. 경찰에서 사건을 '기소' 의견으로 송치했다고 들었는데, 다시 검사실에서 연락이 와서 사건을 형사조정실이라는 곳으로 보내겠다고 합니다. 전에 민사소송을 제기하여 법원에서 조정한다는 이야기는 들어봤는데, 검찰에서도 형사조정을 하는 것인지 또 어떤 제도인지 궁금합니다. 또 저는 피해자인데 이 형사조정 절차에 꼭 응해야만 하는 것인지도 궁금합니다.

A

많은 사람들이 검찰청은 죄 있는 사람을 벌주는 기관으로만 알고 있습니다. 물론 검찰의 주된 임무는 나쁜 짓 한 사람을 벌주는 것이 맞습니다. 그런데, 또 한편으로는 검찰은 피해자의 피해회복에도 노력을 기울여야 하는 기관입니다. 특히 피해자가 있는 범죄사건에서 가해자에 대한 '기소 아니면 불기소'와 같은 일도양단(一刀兩斷)식의 처리는 논리적, 법리적으로는 아무 하자가 없을지 몰라도 실질적인 분쟁해결이나 피해자의 피해회복에는 도움이 되지 않는 경우가 많습니다.

그래서, 전통적인 '모 아니면 도'(기소 아니면 불기소)식의 처리가 아니라 검사에게 좀 더 유연한 사건처리 방식을 부여한 것이 바로 형사조정제도입니다. 조정위원들과 사건관계인이 한자리에 모여 서로 대화와 중재를 통해 합리적 해결책을 모색하고 자율적 합의에 이르도록 하는 제도인데, 범죄피해자학 등 학계에서는 이 제도를 종래의 '응보형 사법모델'에 대비되는 '회복적 사법모델'의 한 유형으로 보고 있습니다. 실제로 어떻게 운용하느냐에 따라 제도의 성패가 달라질 수 있겠지만, 이 제도 자체는 검사, 피의자, 피해자 입장에서 모두 매력적인 면이 있습니다.

먼저 검사는 사건 처리에 있어 부담이 줄어듭니다. 분쟁에서 고소인에게 금전적인 피해가 있거나 피의자의 행동에 문제가 있기는 하지만 형사 소추할 정도에는 이르지 않는 경우, 검사 입장에서는 불기소 처분을 할 때 마음이 편하지 않습니다. 하지만, 형사조정제도의 활용을 통해 당사자 간 합의가 되고, 피해자의 피해회복이 되면 한결 가벼운 마음으로 사건을 처리할 수 있게 됩니다. 또, 피의자의 혐의가 인정되어 기소를 하더라도 피해가 일부라도 변상된 경우에는 구형을 약하게 하거나 벌금을 감경하여 책정하는 등 합의 사실을 양형에 반영할 수 있습니다.

피의자의 입장에서는 피해자에게 피해를 변상해주고 선처받을 수 있는 기회가 생기게 됩니다. 지나치게 변상과 합의를 강조하다 보면 '돈으로 죗값을 치른다.'라는 인식이 만연하게 되고 형사사법 정의가 훼손될 우려가 있다는 비판도 있지만, 범죄 후 정황은 우리 형법에서 규정하고 있는 양형 참작사유이기도 합니다. 마지막으로 피해자는 피해회복이 될 수 있어 유익합니다. 피해회복이라고 하면 보통 금전적인 배상을 떠올리지만, 꼭 이에 국한된 것만은 아닙니다. 피해자의 상처회복을 위해 피의자의 진심어린 사과 또는 재발 방지에 대한 확실한 보장 등이 금전배상보다 더 필요할 때도 있기 때문입니다.

형사조정제도는 이런 장점들이 있지만, **당사자들이 반드시 형사조정에 응해야 할 의무는 없습니다. 이는 피해자뿐만 아니라 가해자의 경우에도 마찬가지입니다.** 형사조정에 응하지 않거나, 형사조정 회부에 동의하여 형사조정 절차가 진행되다가 조정이 결렬된 경우 사건은 다시 검사실로 보내져서 검사가 기록 검토 후 피의자에 대한 적절한 처분을 내리게 됩니다. 피해자의 경우에는 형사조정에서 합의가 되지 않았다면, 추후 민사소송을 통해 피해회복을 받는 방법을 모색할 수 있습니다.

47
검사의 불기소 처분에 대한 불복, 항고

Q

> 저에 대해 여기저기 험담을 하고 다니는 사람을 명예훼손 및 정보통신망법 위반으로 고소하였는데, 경찰은 죄가 있다는 식으로 검사에게 의견을 올렸습니다. 그런데, 사건을 배당받은 검사가 증거가 불충분하다고 '혐의없음' 처분을 하였다고 합니다. 결국 검사가 제가 생각하기에 가해자인 사람을 죄가 없는 것으로 판단하였다는 뜻 같은데, 검사의 이러한 결정이 납득이 안 됩니다. 저는 앞으로 어떻게 해야 하나요?

A

타인의 범죄행위(사기, 폭행, 강제추행 등등)로 인해 피해를 입었다고 생각하여 형사고소라는 수단을 취했는데, 수사기관에서 이에 대해 혐의가 없다는 식으로 결론을 내린다면, 고소인 입장에서는 정말 끔찍한 일일 것입니다. 이때, 취할 수 있는 것이 수사 단계에 따라 이의신청, 항고, 재정신청이 있는데, 이중 검사의 불기소 결정에 대한 불복제도가 바로 항고절차입니다.

검찰청법 제10조에서 항고절차에 대해 규정하고 있습니다. **검사의 불기소 처분 통지를 받은 고소인 또는 고발인**(이하 '고소인 등')은 **그 처분 통지를 받은 날부터 30일 이내**에 처분 검사가 속한 지방검찰청 또는 지청을 거쳐 서면으로 **관할 고등검찰청의 검사장에게 항고**할 수 있습니다. 해당 지방검찰청 또는 지청의 검사는 항고가 이유 있다고 인정하면 그 처분을 경정(更正)해야 합니다.(법 제10조 제1항) 또한, 고등검찰청 검사장은 항고가 이유 있다고 인정하면 소속 검사로 하여금 지방검찰청 또는 지청 검사의 불기소 처분을 직접 경정하게 할 수도 있습니다.(법 제10조 제2항)

만약 항고가 이유 없다고 판단하면 항고기각 결정을 하게 될 것이고, **항고가 이유 있다고 판단하는 경우**에는 위 조항 내용처럼 고등검찰청 검사가 직접 경정하는 경우가 아니라면, **'재기수사명령'을 내릴 수 있습니다.** 쉽게 이야기하면 원처분을 한 지방검찰청 또는 지청에 사건을 재기하여 다시 수사할 것을 명하는 것을 의미합니다.

이후에는 지방검찰청 또는 지청에서 재기수사명령의 취지에 따라 다시 수사(항고인 조사, 피항고인 조사, 참고인 조사 등)를 한 뒤 피항고인을 기소할 수도 있습니다. 재기수사명령이 있다고 하더라도 무조건 기소하는 것이 아니라 수사 결과에 따라 원처분 검사와 같은 결론을 내릴 수도 있다는 의미입니다. 검찰항고 인용율은 10퍼센트 안팎으로 높지 않은 편입니다. 따라서, 항고장 또는 항고장을 보충하는 서면에 항고이유를 설득력 있게 작성해야 합니다. 원처분 검사의 판단 이유에 대한 반박을 법리적, 논리적으로 잘 구성해야 하고, 필요하면 관련 자료도 충실히 첨부해야 합니다.

고소대리를 맡아 진행했던 사기죄 사건에서 원처분 검사의 '혐의없음(증거불충분)' 처분에 대해 불복하여 장기간 다툰 끝에 항고인용 결정 및 상대방의 처벌을 이끌어내고 관련 민사사건에서도 조정을 통해 금전적인 배상을 받아낸 사례도 있었습니다.

48
재정신청

Q

제 돈 7천만 원을 떼어 먹은 지인을 사기로 고소를 했고, 검사가 무혐의 처분을 하여 이에 불복해 항고를 했습니다. 그런데, 항고 사건을 담당한 고등검찰청 검사 역시 제 의견을 안 들어주고 항고를 기각해 버렸습니다. 여기저기 알아보니 재정신청이란 것이 있다고 하는데, 재정신청은 무엇인가요?

A

검사의 불기소 처분에 대해 불복하는 제도가 검찰 항고제도인데, 검찰 항고에서도 기각 결정을 받는 경우 **항고기각 결정을 받은 고소인 등이 최후의 불복수단으로 생각할 수 있는 것이 고등법원에 재정신청을 하는 것**입니다. 형사소송법 제260조 제1항은 "고소권자로서 고소를 한 자는 검사로부터 공소를 제기하지 아니한다는 통지를 받은 때에는 그 검사 소속의 지방검찰청 소재지를 관할하는 고등법원에 그 당부에 관한 재정을 신청할 수 있다."고 규정하고 있습니다.

이와 같은 재정신청을 하려면 「검찰청법」 제10조에 따른 항고를 거쳐야 하는 것이 원칙이지만(법 제260조 제2항 본문), 같은 조항 단서에서는 예외사유로 ① 항고 이후 재기수사가 이루어진 다음에 다시 공소를 제기하지 아니한다는 통지를 받은 경우 ② 항고신청 후 항고에 대한 처분이 행하여지지 아니하고 3개월이 경과한 경우 ③ 검사가 공소시효 만료일 30일 전까지 공소를 제기하지 아니하는 경우를 규정하고 있습니다.

실무에서 자주 문제가 되는 것이 재정신청 기간의 준수여부입니다. 형사소송법은 **항고기각 결정을 통지받은 날 등으로부터 10일 이내**에 지방검찰청 검사장 또는 지청장에게 재정신청서를 제출하여야 함을 규정하고 있습니다.(법 제260조 제3항) 이때, 재정신청서를 제출받은 지방검찰청 검사장이나 지청장은 신청서 제출 7일 이내에 재정신청서·의견서·수사 관계 서류 및 증거물을 관할 고등검찰청을 경유하여 관할 고등법원에 송부하게 됩니다.(법 제261조) 법원의 심리결과 재정신청이 법률상의 방식에 위배되거나 이유 없다고 판단하면 기각 결정을 하고, 재정신청이 이유 있다고 판단하면 공소제기 결정을 하게 됩니다. 후자를 심판(재판)에 부친다는 의미에서 '부심판 결정'이라고도 합니

다. (법 제262조 제2항)

　통상적으로 재정신청제도는 검사만이 기소여부를 결정할 수 있는 기소독점주의에 대한 통제장치로 이해되지만, **현실적으로 재정신청이 인용되는 사례는 많지 않습니다.** 특히 법무부 발표에 의하면, 1948년부터 1999년까지 재정신청청구가 인용된 사건은 모두 17건에 불과하고 그중 유죄가 선고된 것은 8건에 불과하다고 합니다.[20] 2021년 발간된 사법연감 통계에 의하면, **재정신청 인용율은 2018년, 2019년, 2020년 각 0.48%, 0.32%, 0.58%로 매우 저조한** 편입니다.

20　이재상, 조균석, 이창온,『형사소송법』, 2020년, 박영사 제418면 각주 1 재인용

49
기소유예 처분에 대한 헌법소원

Q 저는 재물손괴와 업무방해 혐의로 수사를 받게 되었습니다. 그런데, 사건현장에 제가 있었고 약간의 소란이 있었던 것은 맞지만, 피해자라고 하는 사람이 먼저 도발을 하여 언쟁과 실랑이를 하던 중 상대방의 영업장이 조금 어지럽혀진 것일 뿐 물건을 부수거나 업무를 방해한 것은 아닙니다. 그런데도 경찰은 제 혐의가 인정된다고 해서 사건을 검찰에 송치했고, 저는 검찰에 사건의 실체에 대해 서술한 진정서와 주변인들의 탄원서까지 제출해서 억울함을 호소했지만, 검사는 기소유예 처분을 하였습니다. 기소유예에 대해서 알아보니, 혐의는 인정되지만 양형조건을 고려해서 선처해 주는 것이라고 하더라고요. 그런데, 저는 혐의가 인정된다는 것을 수용할 수 없습니다. 제가 잘못한 것도 없기 때문에, 상대방과 합의도 하지 않았습니다. 이런 경우 상대방이 저를 상대로 민사소송도 제기할 수 있다고 들었습니다. 그런데, 또 어떤 사람들은 기소

> 유예 처분은 정말 잘 나온 것이라고 하면서, 딱히 다툴 방법도 없으니 그냥 받아들이고 잊으라고 합니다. 하지만, 저는 너무 억울해서 다투려고 합니다. 정말 무조건 받아들여야 하는 것인가요?

A

질문자의 주변 사람들이 이야기한 대로 피의자의 입장에서 검사의 기소유예 처분은 피의자에게 매우 유리한 처분인 것은 맞습니다. 그러나, 어쨌든 범죄혐의는 인정된다는 것이기 때문에 당사자의 입장에서는 찜찜한 기분이 들 수도 있고, 혐의가 인정되는 것으로 인해 금전적, 신분상 불이익을 받을 수도 있습니다. 이때 끝까지 무혐의를 다툴 수 있는 방법으로 생각할 수 있는 것이 헌법소원입니다.

헌법소원이란 **공권력의 행사 등으로 인해 기본권을 침해받은 자가 헌법재판소에 그 권리를 구제해줄 것을 청구하는 제도**를 의미합니다. 헌법재판소법은 제69조 제1항에서 "공권력의 행사 또는 불행사(不行使)로 인하여 헌법상 보장된 기본권을 침해받은 자는 법원의 재판을 제외하고는 헌법재판소에 헌법소원심판을 청구할 수 있다. 다만, 다른 법률에 구제절차가 있는 경우에는 그 절차를 모두 거친 후에 청구할 수 있다."고 규정하고 있습니다. 위 조항 단서의 내용은 보충성의 원칙이라고 하여, 공권력의 행사, 불행사에 대하여 헌법소원 외에 다른 권리구제 절차가 마련되어 있는 경우에는 헌법소원을 할 수 없음을 의미합니다.

우선 검사의 기소유예 처분은 공권력의 행사에 해당하고, 무고함을 주장하는 피의자는 기소유예 처분으로 헌법상 권리인 행복추구권을 침해당했다고 주장할 수 있습니다. 위 법 제69조 제1항의 단서 조항에 따라 다른 권리구제 절차를 거쳐야 하는지가 문제되는데, **고소인과는 달리 피의자가 검사의 기소유예 처분에 대해 불복할 수 있는 방법은 현행법상 규정되어 있지 않습니다. 따라서, 보충성 원칙의 예외[21]에 따라 검사의 기소유예 처분을 받은 피의자는 바로 헌법소원을 제기할 수 있습니다.** 다만, 헌법소원을 비롯한 헌법재판은 변호인을 통해서만 진행이 가능합니다.(법 제27조 제3항)

우리 헌법재판소는 질문자의 사안과 유사한 사안에서 "이와 같이 청구인이 피해자의 오른쪽 겨드랑이와 가슴 사이의 옷을 잡고 피해자가 사건현장에서 이탈하지 못하도록 한 행위는, 행위의 동기나 목적의 정당성, 행위의 수단이나 방법의 상당성, 보호법익과 침해법익의 균형성, 긴급성, 보충성 요건을 충족하여 정당행위에 해당한다고 볼 여지가 적지 않음에도 불구하고, 피청구인이 피해자가 112 신고 전 청구인의 오른쪽 상체에 유형력을 행

---

21   이 보충성 원칙의 예외에 따라, 수사기관의 인지에 의해 수사가 개시된 사건에서 고소하지 않은 피해자는 별도의 새로운 고소절차와 그에 따른 불복절차를 거치지 않고 곧바로 헌법소원을 제기할 수 있는 것입니다.

사하였는지 여부를 면밀히 검토하거나 또는 CCTV 영상 사본에서 확인되는 목격자 등을 조사하지 않은 채 이 사건 기소유예 처분을 한 것은 정당행위에 대한 법리오해 및 그 결정에 영향을 미친 중대한 수사미진 및 자의적 증거판단의 잘못이 있으며, 그로 인하여 청구인의 평등권과 행복추구권이 침해되었다."고 판시한 바 있습니다. (헌법재판소 2021. 3. 25, 선고 2020헌마257)

50
구약식, 구공판

Q

저에게 사기 친 사람을 상대로 고소를 했고, 검사실로부터 고소사건이 구공판이 되었다는 연락을 받았습니다. 비슷한 무렵에 그 사람을 상대로 고소한 다른 사람은 사건이 구약식이 되었다는 통보를 받았다고 하는데요. 구약식, 구공판이 무슨 말인가요?

A

수사를 마친 검사가 피의자에게 범죄혐의가 있다고 판단하여 사건을 재판에 넘기는 것을 '기소' 또는 '공소제기'라고 하는데, 이 기소의 방법은 크게 두 가지가 있습니다. '구약식'(求略式)과 '구공판'(求公判)이 그것입니다. '구약식', '구공판'은 각각 검사가 약식재판, 공판을 구한다는 뜻입니다. **약식재판**은 검사의 청구가 있는 경우에 **정식의 공판절차를 거치지 않고 서면 심리만으로 피**

고인에게 벌금과 같은 재산형을 부과할 수 있는 재판을 의미합니다. **공판은 형사사건에서 법원이 공개재판을 통해 심리, 재판하는 것**을 뜻합니다.

검사가 약식재판을 청구하면, 법원(정확히 말하면, 약식재판을 담당하는 판사)은 검사가 제출한 증거기록을 서면 심리하여 벌금 등을 선고하는 약식명령을 내리게 됩니다. 대부분 검사가 청구한 대로의 금액을 벌금을 인정하여 약식명령을 발하지만, 드물게 '통상회부'라 하여 판사가 검사의 약식재판청구에 대해 직권으로 정식재판에 회부하는 경우가 있습니다.

같은 사람을 상대로 고소한 사람이 구체적으로 어떤 내용으로 고소를 한 것인지 알 수 없기 때문에 단정 짓기는 어렵지만, 만약 질문자가 고소한 사건과 비슷한 범행으로 수사받고 있었던 것이라면 범죄 피해액이 비교적 적은 금액일 가능성이 있습니다. 경우에 따라서는 검사가 각각의 사건에서는 구약식을 하였을 사건도 여러 개의 사건을 병합하여 기소하면서 구공판을 하기도 합니다.

51
수사기록의 열람, 등사

Q

어처구니 없는 고소를 당했습니다. 경찰이 피고소인 신분이니 조사를 해야 한다고 하면서 출석을 요구하는데, 고소 내용이 무엇인지도 고소인이 뭐라고 이야기했는지도 전혀 모르는 상태입니다. 경찰이나 검찰에서 상대방이 작성한 고소장이나 상대방이 조사받으면서 뭐라고 이야기했는지 알 수 있는 방법이 없나요?

A

피의자의 방어권 보장 차원에서 상대방(고소인)이 어떤 내용으로 고소를 하였고, 어떤 주장이나 진술을 하였는지를 확인하는 것은 매우 중요한 작업입니다. 이에, 우리 수사실무에서도 피의자 등에게 일정 수사서류의 열람 및 등사권을 보장해주고 있습니다.

우선 경찰수사 단계에서는 「공공기관의 정보공개에 관한 법률」에서 규정하고 있는 정보공개청구제도를 통해 특정 서류에 대한 열람, 등사가 가능합니다. 고소장은 정보공개청구를 통해 취득하는 대표적인 서면입니다. 검찰수사 단계에서는 「검찰 보존사무규칙」에서 규정하고 있는 수사기록 열람등사신청제도를 통해 일정 범위의 수사서류 등에 대한 열람·등사가 가능합니다.

이때, 열람·등사가 가능한 서류는 "수사 중인 사건에 관한 본인의 진술이 기재된 부분(녹음물 및 영상녹화물을 포함)"과 "본인이 제출한 서류의 전부 또는 일부" 정도로 제한됩니다. 따라서, 수사 단계에서는 피의자가 고소장 정도를 제외하고는 상대방이 제출한 서류나 진술한 내용을 열람, 등사 제도를 이용하여 확인할 수 있는 방법은 제한적이라고 할 수 있습니다. 다만, 사건이 재판으로 넘어가는 경우에는 소송기록 열람, 등사 제도(형사소송법 제35조)를 통해 상대방이 진술한 내용이나 제출한 자료도 확인할 수 있습니다.

52
교통사고처리특례법상 12대 중과실, 반의사불벌죄

Q

얼마 전에 지방 가는 길에 졸음운전으로 고속도로에서 다른 차량 운전자에게 전치 12주의 상해를 입히는 큰 사고를 냈습니다. 자동차종합보험도 가입되어 있고, 다행히 운전자보험도 가입해 놓은 상태라 변호인을 선임해서 피해자 측과 형사합의도 완료했습니다. 재판 단계로 간 다음에야 변호인 선임도 하고 합의를 진행해서 조금 늦게 대응한 면이 있기는 한데, 어쨌든 얼마 전에 합의가 되어서 사건이 다 끝난 걸로 생각하고 있었습니다. 그런데, 법원에서 무슨 기일에 출석해야 한다는 통지를 받았습니다. 저와 비슷한 일을 하고 비슷한 사건으로 경찰조사를 받았던 지인도 얼마 전에 피해자와 합의하니까 재판에 나가지 않아도 되고 공소기각 인가를 받았다고 하는데, 저와 왜 차이가 있는 것인가요?

차량의 운전자가 교통사고로 사람을 사망이나 상해에 이르게 한 경우 5년 이하의 금고 또는 2천만 원 이하의 벌금을 선고받을 수 있습니다. (교통사고처리 특례법 제3조 제1항) 그런데 위 법에서는 처벌의 특례로 상해의 결과가 발생한 경우(즉 사망사건은 제외)에는 피해자의 명시한 의사에 반해 공소를 제기할 수 없다고 규정하고 있습니다. (법 제3조 제2항 본문) 즉 피해자와 합의가 되고 피해자가 처벌을 원하지 않는다는 의사표시를 하면 해당 사건이 재판까지 갈 수 없는 것입니다. 그러나, 뺑소니로 알려진 도주치상 사건과 음주측정 요구에 불응한 경우 및 신호위반, 중앙선침범 등 흔히 말하는 12대 중과실[22]이 있는 경우에는 피해

---

22 1. 「도로교통법」 제5조에 따른 신호기가 표시하는 신호 또는 교통정리를 하는 경찰공무원등의 신호를 위반하거나 통행금지 또는 일시정지를 내용으로 하는 안전표지가 표시하는 지시를 위반하여 운전한 경우
2. 「도로교통법」 제13조 제3항을 위반하여 중앙선을 침범하거나 같은 법 제62조를 위반하여 횡단, 유턴 또는 후진한 경우
3. 「도로교통법」 제17조 제1항 또는 제2항에 따른 제한속도를 시속 20킬로미터 초과하여 운전한 경우
4. 「도로교통법」 제21조 제1항, 제22조, 제23조에 따른 앞지르기의 방법·금지시기·금지장소 또는 끼어들기의 금지를 위반하거나 같은 법 제60조 제2항에 따른 고속도로에서의 앞지르기 방법을 위반하여 운전한 경우
5. 「도로교통법」 제24조에 따른 철길건널목 통과방법을 위반하여 운전한 경우
6. 「도로교통법」 제27조 제1항에 따른 횡단보도에서의 보행자 보호의무를 위반하여 운전한 경우
7. 「도로교통법」 제43조, 「건설기계관리법」 제26조 또는 「도로교통법」 제96조를 위반하여 운전면허 또는 건설기계조종사면허를 받지 아니하거나 국제운전면허증을 소지하지 아니하고 운전한 경우. 이 경우 운전면허 또는 건설기계조종사면허의 효력이 정지 중이거나 운전의 금지 중인 때에는 운전면허 또는 건설기계조종사면허를 받지 아니하거나 국제운전면허증을 소지하지 아니한 것으로 본다.
8. 「도로교통법」 제44조 제1항을 위반하여 술에 취한 상태에서 운전을 하거나 같은 법 제

자의 처벌불원의사가 있다고 하더라도 사건이 재판으로 회부되는 것 자체는 피할 수 없으며 합의한 사정은 양형에만 반영이 될 수 있습니다.(법 제3조 제2항 단서) 한편, 단순히 졸음운전만으로 12대 중과실이 인정되는 것은 아닙니다. 따라서, 질문자의 공소장을 잘 살펴보면 신호위반, 중앙선침범, 속도위반 등 교통사고처리 특례법상 12대 중과실에 해당하는 사유가 기재되어 있을 것입니다. 그렇기 때문에 합의가 되었다고 하더라도(아울러 뒤에서 다시 보겠지만 종합보험에 가입되어 있다고 하더라도) 재판에 회부된 것으로 보입니다. 질문자의 지인 사건의 경우에는 위 12대 중과실에 해당하지 않아 '공소권 없음'(수사 단계) 또는 '공소기각 판결'(재판 단계)로 처리되었을 것입니다.

위 법 제4조에서는 '보험 등에 가입된 경우의 특례'라고 하여 운전자가 종합보험에 가입되어 있는 경우에도 교통사고로 발생한 상해사건에 대해 공소를 제기할 수 없는 것으로 규정하고 있지만(법 제4조 제1항 본문), 위 제3조에서와 마찬가지로 도주치

45조를 위반하여 약물의 영향으로 정상적으로 운전하지 못할 우려가 있는 상태에서 운전한 경우
9. 「도로교통법」제13조 제1항을 위반하여 보도(步道)가 설치된 도로의 보도를 침범하거나 같은 법 제13조 제2항에 따른 보도 횡단방법을 위반하여 운전한 경우
10. 「도로교통법」제39조 제3항에 따른 승객의 추락 방지 의무를 위반하여 운전한 경우
11. 「도로교통법」제12조 제3항에 따른 어린이 보호구역에서 같은 조 제1항에 따른 조치를 준수하고 어린이의 안전에 유의하면서 운전하여야 할 의무를 위반하여 어린이의 신체를 상해(傷害)에 이르게 한 경우
12. 「도로교통법」제39조 제4항을 위반하여 자동차의 화물이 떨어지지 아니하도록 필요한 조치를 하지 아니하고 운전한 경우

상 사건과 음주측정 요구에 불응한 경우 및 12대 중과실이 있는 경우에는 종합보험에 가입이 되어 있어도 형사재판 자체를 피할 수는 없고 앞서 말씀드린 것처럼 합의 등을 통해 양형에서 선처를 받아야 할 것입니다.

제3부
재판

01
피고인 의견서 제출의무

Q

대가를 받고 핸드폰을 다른 사람에게 넘겨준 혐의로 전기통신사업법 위반으로 재판을 받게 되었습니다. 얼마 전에 법원에서 서류가 날라왔는데, 의견서하고 공소장 부본이 들어 있더라고요. 공소장이야 법원에서 저를 처벌하려는 내용인 것 같고 어차피 저도 다 인정하는 내용이라 문제가 안 되는데, 의견서라는 것을 보니 공소사실을 인정하는지, 절차진행에 대한 의견, 성행 및 환경에 관한 의견(가족관계, 피고인의 학력·직업 및 경력, 성장과정 및 생활환경), 정상에 관한 의견 등 별의별 것이 다 들어 있더라고요. 크게 궁금한 것이 두 가지 있습니다. 첫째, 1주일 내에 의견서를 작성해서 법원에 제출하라고 되어 있는데, 그 기간을 꼭 지켜야 하는 것인지 궁금합니다. 둘째, 제가 잘못을 인정하기는 하는데, 뭘 어떻게 써야 하는지 막막합니다. 공소장에 보니 제가 전체적으로 인정하기는 하지만 중간 중간 사실과 다른 내용들도 보이고요. 어떻게 대처를 해야 할지 잘 모르겠습니다.

A

실제로 이와 같은 서류를 받아보고 걱정스러운 마음에 고민 끝에 문의하시는 분들이 많습니다. 법원에서 받은 안내문에 기재되어 있는 1주일은 상소기간, 항소이유서 제출기간과 같은 불변기간은 아니니 크게 걱정하지 않으셔도 될 것 같습니다. 즉, 1주일 내에 의견서를 제출하지 않아도 특별한 불이익은 받지 않습니다. 심지어, 제출을 아예 하지 않더라도 그 자체로 불이익을 당하는 것은 아닙니다.

그러나, 공소사실 인정여부 그리고 양형에 관한 내용을 기재하도록 되어 있는 의견서는 재판부가 형사책임의 존부와 그 범위(즉 죄의 성립여부와 양형)를 판단하는 데 중요한 인자가 될 수 있으니, 변호인의 도움을 받든 직접 하든 정성껏 작성할 필요는 있습니다. 억울한 점이 있다면, 그 근거 및 자료와 함께 구체적 내용을 기재하여 재판부에서 살펴봐줄 것을 요청해야 합니다. 변호인이 선임되어 있는 경우, 변호인이 변호인의견서 또는 변론요지서 등의 형태로 서면을 제출하여 공소사실 인정여부, 증거에 대한 의견, 양형에 대한 의견 등을 밝힐 것이니, 피고인 본인은 법원에서 받은 서류에 대해서는 특별히 신경 쓰지 않아도 됩니다.

02
피고인 보석

Q

가족 중 한 명이 횡령죄로 구속 상태에서 재판을 받고 있습니다. 재판 중에 피해자와 합의를 했습니다. 그래서, 한 번 보석을 청구해보려고 합니다. 인용될 가능성이 있을까요?

A

보석은 보증금 납부 등을 조건으로 구속의 집행을 정지하여 구속된 피고인을 석방하는 제도입니다. 보석은 구속의 집행만을 정지시키는 제도이지 구속영장의 효력이 실효되는 것은 아니기 때문에 보석이 취소되면 구속영장의 효력은 다시 살아나게 됩니다. 많은 사람들이 '보석'이라고 하면 큰 죄를 지은 사람이라도 돈만 내면 석방해주는 제도로 알고 있지만, 이 제도를 운영하는 취지는 일반인들의 법 감정과는 좀 다른 부분이 있습니다. 보석제도는 보증금 납부 등을 조건으로 피고인을 석방함으로써 피고인의 재판 출석을 확보하여 구속의 목적을 실질적으로 달성하면서도 피고인에게는 불구속 상태에서 재판을 받을 수 있는 기회를 부여하여 충분한 방어권을 보장하려는 데에 그 목적이 있습니다.

이 보석제도에는 판사가 직권으로 결정하는 직권 보석과 피고인 등의 청구로 결정하는 청구 보석이 있습니다. 전자의 대표적인 예가 재판 중 구속기간의 만기가 다가오는 경우(예를 들어, 제1심 재판에서 공소제기 후 6개월 가까이 흐른 경우)에 직권으로 보석 결정을 하는 것입니다. 보다 일반적인 형태인 청구 보석의 경우, 형사소송법은 예외 사유에 해당하지 않는 한 보석을 허가해주어야 하는 필요적 보석의 원칙을 규정하고 있습니다.(법 제95조) 법에서 정한 예외 사유는 「① 피고인이 사형, 무기 또는 장기 10년이 넘는 징역이나 금고에 해당하는 죄를 범한 때 ② 피고인이 누범에 해당하거나 상습범인 죄를 범한 때 ③ 피고인이 죄증을 인멸하거나 인멸할 염려가 있다고 믿을 만한 충분한 이유가 있는 때 ④ 피고인이 도망하거나 도망할 염려가 있다고 믿을 만한 충분한 이유가 있는 때 ⑤ 피고인의 주거가 분명하지 아니한 때 ⑥ 피고인이 피해자, 당해 사건의 재판에 필요한 사실을 알고 있다고 인정되는 자 또는 그 친족의 생명·신체나 재산에 해를 가하거나 가할 염려가 있다고 믿을 만한 충분한 이유가 있는 때」로 그 범위가 폭넓은 편입니다. 보다 이해하기 쉬운 언어로 설명하면, 살인 등 중범죄를 저질렀거나 같은 죄를 여러 번 지었거나 죄를 짓고 도망갈 가능성이 높거나 중요한 증거를 훼손하거나 주요 참고인을 해칠 가능성이 높은 경우, 또 어디 사는지 잘 몰라서 소재 파악이 어려운 경우 등에는 보석이 허용되지 않을 수 있는 것입니다.

사안의 경우, 피고인에 대한 정보가 거의 없어서 섣불리 이야기하기는 어렵지만, 피해자와 합의가 된 사정은 보석 결정에 매우 유리한 요인임에는 틀림없습니다. 범행을 모두 인정하고 있고 합의까지 되었기 때문에 증거를 인멸하거나 피해자나 사건에 대해 잘 알고 있는 사람을 위해(危害)할 가능성이 거의 없다는 점, 도망할 염려도 없다는 점 등을 강조하여 보석 인용결정을 이끌어내야 할 것입니다.

참고로 보석청구인원 대비 보석허가인원 비율인 보석허가율은 2011년 43.2%를 기록한 후 매년 감소하여 2020년 30.8%까지 급격히 감소하였는데, 최근 10년간 보석허가율은 37.3%입니다.

03

전자장치 부착 조건부 보석

Q

지인이 절도죄와 사기죄로 구속재판 중인데, 얼마 전에 보석을 받고 풀려나왔더라고요. 이야기를 들어보니 전자장치 부착을 조건으로 보석을 받은 것이라고 합니다. 흔히 말하는 전자발찌 비슷한 것 같기는 한데, 이건 성범죄자들만 차는 거 아닌가요? 제가 잘못 알고 있는 것인지 궁금합니다.

A

형사소송법 제98조는 "법원은 보석을 허가하는 경우에는 필요하고 상당한 범위 안에서 다음 각 호의 조건 중 하나 이상의 조건을 정하여야 한다."고 규정하고 있습니다. 위 각 호 중 제9호를 보면, '그 밖에 피고인의 출석을 보증하기 위하여 법원이 정하는 적당한 조건을 이행할 것'으로 되어 있습니다. 9호에 해당하는 조건 중 하나가 '전자장치 부착'입니다. 전자장치 부착 조건부 보석은 보석제도의 활용률을 높이고 구금시설 내 과밀수용의 문제를 해결하기 위해 논의되었던 여러 가지 방안 중 하나로 고안된 제도입니다. 우리나라는 2020년부터 이 제도를 시행하고 있습니다. 보석 결정문 주문에 주거지 제한을 부과하면서, 지정조건에 전자장치 부착도 함께 명하는 경우가 일반적입니다. 아래는 담당했던 도박사건의 재판진행 중에 전자장치 부착을 조건으로 보석 결정을 받은 사례의 결정문 일부입니다.

"피고인은 석방된 후 3일(초일은 불산입, 공휴일은 제외) 이내에 주거지 관할 보호관찰소(의정부보호관찰소)에 출석하여 서면으로 주거, 직업, 가족사항, 그 밖에 필요한 사항을 보호관찰소의 장에게 신고하고, 보호관찰소의 지시에 따라 전자장치 부착에 응하여야 한다."

많은 사람들이 전자발찌 하면 성범죄를 연상할 만큼 '전자장치 = 성범죄자'로 이미지가 고착화된 면이 있습니다. 그러나, 성범죄의 부수처분으로 부과하는 전자장치 부착과 보석 조건 중 하나인 전자장치 부착은 그 취지와 기능에서 서로 다릅니다. 어쨌든, 질문자의 의문처럼 성범죄자만 전자장치 부착의 대상이 되는 것이 아니라, 다른 형사사건에서도 보석 조건의 하나로서 전자장치의 부착을 조건으로 보석 결정을 받는 것이 얼마든지 가능한 일입니다.

04
구속의 집행정지

Q

동네 형님이 마약 이런 걸로 구속된 상태에서 재판을 받고 있습니다. 어렸을 때부터 같이 동고동락하던 형님이고, 형님에게 따로 도움 줄 만한 사람도 없어 제가 발 벗고 나서서 여기저기 이것저것 알아보고 있습니다. 형님이 마약을 투약한 것은 사실인 것 같고, 전과도 몇 개 있어서 실형을 피하기는 어려울 것 같다고 하더라고요. 그리고 보석도 쉽지 않을 것 같다고 합니다. 그러던 중 누군가로부터 구속 피고인이 몸이 안 좋으면 구속의 집행정지라는 것을 받을 수 있다는 이야기를 들었습니다. 안 그래도 아는 형님이 통풍에 간수치도 높고 몸이 좋지 않은데, 구속 집행정지를 받을 방법은 없는 것인가요?

A

구속의 집행정지는 구속영장의 효력에는 영향이 없이 구속의 집행만 정지하는 것을 의미합니다. 우리 형사소송법은 "법원은 상당한 이유가 있는 때에는 결정으로 **구속된 피고인을 친족·보호단체, 기타 적당한 자에게 부탁하거나 피고인의 주거지를 제한하여 구속의 집행을 정지할 수 있다.**"라고 규정하고 있습니다. (제101조 제1항) 통상적으로 **피고인의 중병이나 출산, 직계가족의 사망으로 인한 장례 등의 상황**에서 이뤄집니다.

구속의 집행정지는 법원이 직권으로 하되, 검사의 의견을 물은 뒤 결정을 내립니다. (형소법 제101조 제2항) 보석의 경우에 피고인, 피고인의 변호인, 법정대리인, 배우자 등에게 보석을 신청할 수 있는 권한이 있는 반면에, **구속의 집행정지는 피고인, 피의자 등에게 신청권은 없고 법원의 직권으로 행한다는 점**에서 차이가 있습니다. 냉정하게 이야기해서 통풍이나 간수치가 높다는 점만으로는 구속의 집행정지가 이뤄질 가능성은 높아 보이지 않습니다. 또한, 앞서 말씀드린 것처럼 보석과 달리 피고인 및 피고인과 일정한 관계가 있는 사람들에게 구속의 집행정지를 해달라고 요청할 수 있는 권리는 없기 때문에, 구속의 집행정지 신청을 한다고 하더라도 질문자가 기대하는 결과를 얻기는 어려울 것으로 보입니다. 참고로, 수사 단계에서는 검사 또는 사법경찰관이 피의자에 대하여 구속의 집행정지를 할 수 있습니다. (형소법 제209조)

05
단독 및 합의부

Q

고종사촌 동생이 마트에서 물건을 훔치다 발각되자, 사람들한테 흉기를 휘둘러서 몇 명이 다친 것 같더라고요. 그래서 재판을 받고 있고, 얼마 전에 재판 참관을 했는데 판사님이 세 분 앉아 계셨습니다. 대학 때 들은 교양수업에서 2심의 경우에는 판사님이 3명이라고 배운 것 같긴 한데, 사촌동생의 재판은 1심인데도 판사님이 3명이나 있었습니다. 사촌동생이 중죄를 저질러서 그런 것인가요?

A

결론부터 말씀드리면, 그렇다고 보시면 됩니다. "사형, 무기 또는 단기 1년 이상의 징역 또는 금고에 해당하는 사건" 등 법원조직법 제32조에 정한 사건은 세 명의 판사가 있는 합의부에서 재판하게 됩니다. 다만, 형법상 특수상해죄, 특수절도죄와 일부 특별법의 범죄들은 법정형의 하한이 1년 이상에 해당하더라도 단독재판부에서 처리하는 것으로 규정되어 있습니다. 질문자의 고종사촌이 저지른 범죄는 강도상해나 강도치상죄(형법 제337조)로 보이고, 이들 범죄는 법정형의 하한이 7년으로 합의부 관할 대상입니다. 따라서, 1심 재판이라고 하여, 무조건 한 명의 판사로부터 재판을 받는 것은 아닙니다.

한편 재판장이라고 하더라도 공판기일 지정권, 소송지휘권, 법정경찰권 등 소송절차를 진행하기 위한 권한을 갖고 있는 것일 뿐 심판(실체 판단)에 있어서 배석판사를 지휘하거나 독단으로 결정을 하는 것은 아닙니다. 참고로, 형사사건의 경우 1심은 '고단', '고합'이라는 사건명으로 기재되는데, '고' 뒤의 '단', '합'은 각각 '단독', '합의'를 의미합니다.

06
약식재판에서 불이익변경금지원칙 및 형종상향 금지의 원칙

Q

협박죄로 약식명령으로 500만 원을 받았습니다. 그런데, 저는 협박을 한 사실이 없기 때문에 이에 대해서 다투고자 합니다. 약식명령에 대해 불복하려면 정식재판청구를 하면 된다고 하는데, 정식재판을 청구하는 경우 애초 500만 원 선고보다 더 많은 벌금을 받거나 아니면 벌금이 아닌 징역이나 집행유예 같은 더 센 형을 받을 수도 있는 것인가요?

A

결론부터 말하자면, 약식명령으로 받은 벌금형보다 정식재판에서 더 큰 금액의 벌금형을 선고받을 수는 있지만, 징역형의 집행유예나 실형 선고는 불가능합니다. 과거에는 형사소송법에서 "(정식재판 청구 시) 불이익변경금지 원칙"이라고 하여, 피고인이 약식명령에 불복하여 정식재판을 청구한 경우 재판에서 원래의 약식명령에서 선고한 벌금보다 중한 형을 선고할 수 없게 규정하고 있었습니다. 피고인의 정식재판을 실질적으로 보장하기 위한 취지였습니다. 그런데, 피고인이 불법영업 등을 계속하기 위해 정식재판을 악용하는 등 폐단이 많고 법원의 업무도 과중되는 면이 있어 최근 불이익변경금지 원칙이 폐지되었습니다.

이 조항이 폐지되고 **"형종상향의 금지 원칙"**이라 하여, **"피고인이 정식재판을 청구한 사건에 대하여는 약식명령의 형보다 중한 종류의 형을 선고하지 못한다."**(형소법 제457조의2 제1항)라고 새롭게 규정되었습니다. 따라서, 이제는 피고인이 약식명령에 불복하여 정식재판을 청구한 경우 애초 약식명령에서 고지받은 벌금보다 다액의 벌금형을 선고받을 가능성은 있습니다.

07
재판 중 사건병합

Q

재산범죄로 재판을 받고 있었는데, 나중에 법원으로 넘어간 제 무면허운전 사건이 병합되었다는 연락을 받았습니다. 그런데, 저는 검찰이나 법원에 사건을 병합해 달라는 신청을 하지도 않았는데, 사건이 병합되었다고 하니 조금 당황스럽게 느껴집니다. 이렇게 제가 신청하지 않은 경우에도 사건을 병합하여 재판을 진행하는 경우도 있나요?

A

질문자의 경우는 변론이 병합된 것이라고 할 수 있습니다. **'변론의 병합'**이란 여러 개의 관련 사건이 사물관할을 같이 하는 동일한 법원에 계속되어 있는 경우에 이들 사건을 하나의 공판절차에서 한 사건으로 심리하는 것을 말합니다. (형사소송법 제300조)

법원이 필요하다고 인정하는 경우 직권으로 또는 검사, 피고인이나 변호인의 신청에 의해 변론의 병합 결정을 할 수 있습니다. 많은 사람들이 관련 사건의 의미에 대해서 오해를 하곤 하는데, 형사소송법 제11조에서는 **"한 사람이 저지른 여러 개의 범죄가 있는 경우"**를 '관련 사건'[2][3]으로 규정해 놓고 있기 때문에, 범죄들 사이에 실질적 연관성이 전혀 없는 경우에도 관련 사건으로 취급될 수 있습니다. 이와 같은 변론의 병합은 재판절차의 편의를 위한 측면과 피고인의 이익을 위한 측면이 모두 존재합니다. 피고인 입장에서는 사건이 병합되어 재판이 진행되는 경우, 각 사건의 형이 선고되어 확정된 형기를 합산하는 것보다 더 낮은 형량을 기대할 수 있습니다. 그러나, 변론병합은 법원의 재량에 속하기 때문에, 피고인이 신청한다고 하여 법원에서 병합심리의 결정을 해야 하는 것은 아닙니다. 또한, 법문언상 법원이 직권으로 또는 검사의 신청에 의해서도 병합심리 결정을 할 수 있기 때문에 피고인의 의사와는 무관하게 사건이 병합될 수도 있습니다.

한편, 토지관할이 다른 여러 개의 관련 사건이 각각 다른 법원에 계속된 때에는 공통되는 바로 위의 상급법원은 검사나 피고인의 신청에 의하여 결정(決定)으로 한 개 법원으로 하여금 병합심

---

23   형사소송법 제11조(관련 사건의 정의) 관련 사건은 다음과 같다.
1. 1인이 범한 수죄
2. 수인이 공동으로 범한 죄
3. 수인이 동시에 동일장소에서 범한 죄
4. 범인은닉죄, 증거인멸죄, 위증죄, 허위감정통역죄 또는 장물에 관한 죄와 그 본범의 죄

리하게 할 수 있습니다.(법 제6조) 이를 '토지관할의 병합심리'라고 합니다. 예를 들어, 서울중앙지방법원에서 재판받고 있는 피고인이 다른 사건으로 서울동부지방법원에서도 기소된 경우, 피고인은 두 법원의 상급법원인 서울고등법원에 신청하여 원래 재판 진행 중이던 서울중앙지방법원에서 두 사건을 병합하여 재판받을 수 있는 것입니다.

08
수사검사와 공판검사

사기죄로 구속되어 사건이 검찰로 송치되었고, 저는 계속 무죄를 주장했습니다. 하지만, 검사는 제 주장을 받아들여 주지 않았습니다. 결국 재판으로 넘어갔는데, 제가 생각하기에는 저를 수사한 검사가 사건을 제대로 이해하지 못하는 것 같더라고요. 그래서 재판으로 넘어가면 다시 검사와 열심히 싸우며 판사님 앞에서 판단을 받아보려고 했습니다. 그런데, 첫 공판기일 때 보니 검사가 바뀌었더라고요. 저는 이제 누구에게 하소연을 해야 할까요?

A

수사검사와 공판검사는 구분됩니다. 수사검사는 수사 및 공소제기를 담당하고, 공판검사는 공소의 유지를 전담하게 됩니다. 금융조사부, 특수부, 공안부와 같은 인지부서에서는 수사검사가 공판에도 참여하기도 하지만, 일반적인 형사사건은 통상적으로 수사검사와 공판검사가 분리되어 있습니다. 판결문에도 "수사검사 ○○○, 공판검사 □□□"와 같이 기재되는 것이 일반적입니다.

그렇다고 하여 수사검사와 공판검사가 완전히 분리되어 있는 것은 아닙니다. 수사검사는 사건을 재판에 넘길 때 양형에 대한 의견을 담은 공판카드를 송부하기도 하고, 공판검사 역시 공소사실 또는 양형 관련하여 수사검사와 수시로 의견을 교환하는 등 공소제기 이후에도 긴밀하게 협조합니다.

사건이 재판으로 넘어간 현재 상태에서는 본인이 억울하다고 생각하는 점을 공판검사에게 이야기하면 될 것 같습니다. 그러나, 기본적으로 검사는 형사소송에서 피고인과 대립하는 당사자이기 때문에 피고인의 이익을 위해 존재한다고 할 수 없습니다. 따라서, 본인의 억울함이나 주장하려는 바를 직접 또는 변호인을 통해 재판부에 현출하여 재판부를 설득하는 데에 주력해야 할 것으로 보입니다.

09
공개재판주의

Q

제 딸이 남자친구를 잘못 만나 사기꾼이 되어버렸습니다. 피해자 입장에서 제 딸만 전면에 노출된 관계로 딸만 수사 대상이 되었고, 재판도 딸만 받게 되었습니다. 남자친구란 놈은 도망갔고, 제 딸은 구속이 되어버렸습니다. 재판 첫날 딸의 재판을 보러 갔는데, 죄수복을 입고 있는 딸의 모습을 보고 펑펑 울었습니다. 그런데, 원래 이렇게 모든 사람이 보는 앞에서 재판을 진행하는 것인가요? 시골 마을은 아니지만 그렇다고 대도시도 아니어서, 저희 딸이 재판받는 모습을 지인이 보고 소문내는 일도 충분히 있을 법한데 이거 인권침해 아닌가요?

A

형사재판은 공개재판주의를 원칙으로 하고 있습니다. '공개재판주의'란 소송의 심리와 판결 등 재판과정을 일반인이 방청할 수 있도록 허용하는 것을 의미합니다. 이에 비하여, 일체의 방청을 허용하지 않고 비밀로 심판을 행하는 것을 '밀행주의'라고 합니다. 우리 헌법은 "형사피고인은 상당한 이유가 없는 한 지체없이 공개재판을 받을 권리를 가진다."라고 하여 공개재판을 받을 권리를 보장하고 있습니다.(제27조 제3항) 다만, **소년법**에서는 소년이 미성숙한 인격체라는 점을 고려해 **소년재판의 심리를 공개하지 않는 것으로 규정**하고 있습니다.(법 제24조 제2항)

이렇다 보니, 질문자가 말씀하신 대로 형사재판을 받는 과정에서 어떤 죄명으로 재판을 받는지 피고인이나 검사가 어떤 주장을 하는지 등이 노출될 수밖에 없고, 그 과정에서 피고인이 공개를 원하지 않는 내용을 대중이 알게 되는 경우가 종종 발생합니다.

한편 「성폭력범죄의 처벌 등에 관한 특례법」 제31조 제1항은 피해자 보호를 위해 **"성폭력범죄에 대한 심리는 그 피해자의 사생활을 보호하기 위하여 결정으로써 공개하지 아니할 수 있다."**고 규정하고 있고, 피고인은 이러한 경우에 한해 반사적으로 비공개의 이익을 누릴 수 있을 것으로 보입니다.

10
피고인의 출석의무

Q

전자금융거래법 위반으로 형사재판을 받고 있습니다. 일하느라 바빠서 평일 낮 시간대에는 시간을 내기가 어려운데, 제가 재판에 꼭 출석해야 하나요? 곧 변호사를 선임해서 진행할 예정인데 변호사만 나가게 하고, 저는 안 나가도 되는지 궁금합니다. 예전에 버스 안에서 취객에게 심한 폭행을 당해 손해배상청구 소송을 한 적이 있는데, 그때는 변호인을 선임해서 진행하면서 재판에 한 번도 직접 안 나가고 판결을 받은 적이 있거든요.

A

피고인의 출석은 재판의 개정요건입니다. 우리 형사소송법에서도 "피고인이 공판기일에 출석하지 아니한 때에는 특별한 규정이 없으면 개정하지 못한다."라고 규정하고 있습니다.(법 제276

조) 그런데, **피고인이 출석하지 않아도 되는 예외적인 사유**들도 있습니다. **다액 500만 원 이하의 벌금 또는 과료에 해당하는 사건, 공소기각 또는 면소의 재판을 할 것이 명백한 사건, 즉결심판 사건 등**이 그러한 예입니다.

선고 같은 경우도 원칙적으로는 피고인 본인이 재판에 출석해야 합니다. 하지만, 몇 가지 예외사유가 있는데, 약식명령에 불복하여 피고인만이 정식재판을 청구한 경우가 대표적인 예입니다. 따라서, 질문자는 위의 예외사유에 해당하지 않는 한 매번 법정에 출석해야 합니다. 만약 전자금융거래법위반으로 약식명령을 받고 이에 대해서 불복하여 정식재판을 청구한 경우라면, 선고일 당일에는 직접 출석하지 않아도 됩니다.

한편 질문자가 손해배상청구 소송에서 직접 출석하지 않고 재판이 진행되었다고 하였는데, 그것은 민사소송이기 때문에 가능했던 것입니다. 즉, 민사소송은 가사소송 등 일부 유형의 사건을 제외하고는 소송대리인을 통해 재판을 진행하는 것이 가능합니다.

11
증거인부

Q

상해와 절도로 형사재판을 받게 되었습니다. 변호사를 선임할 여력은 되지 않아 혼자 재판을 받으려고 합니다. 그래서, 얼마 전에 첫 번째 재판 때 나갔는데, 판사님이 공소사실을 인정하는지 묻기에 상해는 인정하는데 절도는 인정하지 않는다고 했습니다. 그 다음으로 무슨 목록 같은 것을 주면서 증거에 대한 의견을 말하라고 했습니다. 그래서, 무슨 말인지 잘 모르겠다고 했더니 재판을 다음에 하는 것으로 일정을 잡아줄 테니 변호인을 선임해서 대응하라는 식으로 이야기를 합니다. 지금 어떤 상황인가요?

A

첫 공판기일에 검사가 공소사실을 읽으면 재판장은 피고인(변호인)에게 공소사실 인정여부에 대해서 이야기하라고 합니다. 이후 검사가 제출한 증거에 대한 의견을 말하라고 하는데, 공소사실을 인정하는 경우에는 증거 모두에 동의한다고 하여도 크게 문제될 것은 없습니다. 그러나, 공소사실을 부인한다면 즉 무죄를 다투는 경우라면 증거에 대한 의견개진은 매우 신중하게 해야 할 필요가 있습니다. 증거에 동의한다는 것은 해당 증거를 법정에서 피고인에 대한 유죄의 증거로 사용해도 좋다는 것을 의미합니다. 피고인이 무죄를 다투는 상황이라면, 자신의 혐의 인정에 불리하게 작용할 수 있는 증거에 대해서는 부동의해야 합니다.

예를 들면, 피해자 또는 목격자의 진술이 담겨 있는 진술조서나 진술서의 경우, 해당 증거에 대해서 부동의한다는 입장을 밝혀야 합니다. 그렇게 되면 증명책임을 지고 있는 공판검사가 해당 진술자를 증인으로 신청하여 증인신문을 할 것입니다. 그런데, 피고인 역시 증인에 대해 신문할 수 있는 권한이 있기는 하지만, 피고인 스스로 증인을 신문하면서 증인 진술의 신빙성을 탄핵해야 하는데 법과 형사사법 절차에 문외한인 피고인이 이를 혼자 대응하는 것은 쉽지 않습니다.

그런 이유 때문에 판사님이 질문자에게 변호인을 선임하여 대응하라는 취지로 말한 것으로 보입니다. 피고인 측에서 증인의 진술이 담긴 진술서나 진술조서에 대해 부동의한 이상 해당 진술서 등은 증거능력이 없어 재판에서 증거로 사용되지 못할 가능성이 높지만, 증인신문을 통해 증인의 진술의 신빙성에 대한 공방이 있을 것이고, 최종적으로 판사님이 피고인의 혐의를 인정하는 증거로 사용할지 또는 검사의 주장을 배척하는 증거로 사용할지를 결정하게 될 것입니다.

12
증인의 불출석에 대한 제재

Q

법원으로부터 증인으로 출석하라는 통지를 받았습니다. 바쁘기 때문에 불출석사유서를 제출하고 나가지 않았습니다. 그런데, 그 다음에도 나가지 않았더니 이번에는 과태료 결정을 내렸다고 연락이 왔습니다. 정말 어이가 없습니다. 저는 범인 잡는 데 도움이 되라고 목격한 사실을 신고한 것이고, 경찰에서도 조사받으면서 목격한 내용에 대해서 다 이야기했습니다. 그런데 왜 저를 증인으로 다시 부른 것이며, 증인인 저에게 출석하지 않았다고 과태료까지 부과하는 것입니까?

A

질문자 입장에서는 법원의 결정이 이해가 되지 않고 충분히 분노할 수도 있는 상황인 것 같습니다. 피고인이 치열하게 무죄를 다투고 있기 때문에 재판과정에서 질문자의 진술이 담긴 진술조서 등에 대해 '증거 부동의'하여 검사가 질문자를 증인으로 부른 것으로 보입니다. 질문자의 입장과 상황도 충분히 이해하는 가지만, 실체적 진실 발견을 위해 증인으로 출석하여 사건에 관하여 증언하는 등 협조하는 것이 바람직해 보입니다. 질문자가 증인으로 출석하게 되면, 아마 재판장이 과태료 결정을 취소해줄 것입니다.

질문자가 말씀하신 것처럼 시민으로서의 책무를 다하고, 재판 참석에 대한 번거로움을 감수하고 실체적 진실 발견에 협조하는 경우 그것에 대한 작은 대가로서 법원으로부터 일당 및 여비를 지급받을 수 있습니다. 혹시, 질문자가 증인으로 출석을 꺼리는 이유가 피고인 앞에서 진술하는 것이 피고인의 보복 등에 대한 두려움 때문이라면, 미리 재판부에 피고인이 퇴정한 상태에서 증언하겠다는 의사를 표시하면 피고인 퇴정 후 증언할 수 있습니다. 만약 단순히 피고인 면전에서 진술하는 것이 꺼려지는 것 이상으로 피고인이나 피고인 주변인들의 보복 등 위협적인 행동이 걱정되는 경우라면 신변보호 등을 요청할 수 있습니다.

13
증인의 계속되는 불출석의 경우

사기, 사문서위조, 위조사문서행사로 재판을 받고 있습니다. 저는 무죄를 다투고 있기 때문에 수사기관에서 제가 위조하였다고 주장하는 문서 명의인들이 증인으로 출석을 하여 증인신문을 하고 있습니다. 증인은 총 4명인데, 3명은 이미 나와서 증언을 했고, 특히 2명은 저에게 우호적으로 진술을 했기 때문에 무죄를 기대하고 있습니다. 문제는 나머지 한 명의 증인입니다. 이 증인이 계속 출석하지 않아 재판이 계속 공전되고 있습니다. 만약 증인이 계속 나오지 않으면 어떻게 되는 것인가요? 제 재판은 영원히 끝을 낼 수 없는 것인가요?

A

피고인의 입장에서는 충분히 당혹감을 느낄 수 있는 상황으로 보입니다. 실무에서 실제로 종종 발생하는 상황이기도 합니다. 이런 경우 생각할 수 있는 방법이 불출석하는 증인이 수사기관에서 한 진술 등에 대해서 증거 동의를 하고, 해당 진술의 신빙성을 다투는 것입니다. 그러나, 이는 피고인이나 변호인에게 다소 위험 부담이 있습니다. 증인이 출석하지 않은 상태에서 증인이 수사기관에서 한 진술의 신빙성을 다투는 것은 한계가 있기 때문입니다. 다른 방법으로는, 재판장을 통해 검사 측에 해당 증인에 대한 증인신청을 철회해 달라고 촉구하는 것을 생각할 수 있습니다. 물론, 검사가 증인신청을 철회하지 않을 수도 있으나, 검사 측에서도 마냥 재판이 지연되는 것은 부담될 수 있기 때문에 불출석하는 증인에 대한 증인신청 철회를 고려할 수 있습니다.

이때, 검사 측에서도 형사소송법 제314조 규정 즉 "제312조 또는 제313조의 경우에 공판준비 또는 공판기일에 진술을 요하는 자가 사망·질병·외국거주·소재불명, 그 밖에 이에 준하는 사유로 인하여 진술할 수 없는 때에는 그 조서 및 그 밖의 서류를 증거로 할 수 있다. 다만, 그 진술 또는 작성이 특히 신빙할 수 있는 상태 하에서 행하여졌음이 증명된 때에 한한다."를 근거로 불출석하고 있는 증인의 진술이 기재되어 있는 조서나 진술서를 증거로 써달라고 주장할 수 있을 것입니다.

14

피고인신문

업무방해, 공무집행방해로 재판을 받게 되었습니다. 부끄러운 이야기지만, 과거에는 대부분 구약식 사건으로 벌금을 내고 말았기 때문에 이렇게 정식재판을 받아보는 것은 처음입니다. 그런데, 변호인이 피고인신문을 하자고 합니다. 예전에 경찰에서 조사받을 때는 피의자신문이라고 했던 것 같은데, 피고인신문도 비슷한 것인가요? 그리고, 경찰에서 여러 차례 피의자신문을 할 당시에는 경찰관이 저에게 막 윽박지르면서 질문해서 매우 무서웠던 기억이 나는데, 법원에서도 그렇게 진행이 될까봐 걱정이 됩니다. 제가 무엇을 어떻게 준비를 해야 할까요?

A

피고인신문은 피고인에 대하여 공소사실과 그 정상에 관한 필요

한 사항을 신문하는 절차이며(형사소송법 제296조의2), 시기적으로는 증거조사 후에 하는 것이 원칙입니다. 실무적으로는 피고인이 공소사실을 부인하는 경우 증인신문 절차까지 마친 뒤 같은 기일에서 또는 다음 공판기일에 피고인신문을 하는 것이 일반적입니다. 물론 공소사실을 인정하는 경우에도 피고인신문을 할 수 있습니다. 즉 변호인이 피고인에게 유리한 양형사유를 법정에서 드러내기 위해 피고인신문을 하겠다고 하는 경우도 종종 있습니다.

최근 우리 대법원은 「항소심에서 변호인이 피고인을 신문하겠다는 의사를 표시하였음에도 변호인에게 일체의 피고인신문을 허용하지 않은 재판장의 조치가 소송절차의 법령 위반으로서 상고이유에 해당하는지 여부」가 문제된 사안에서, "형사소송법 제370조, 제296조의2 제1항 본문은 '검사 또는 변호인은 증거조사 종료 후에 순차로 피고인에게 공소사실 및 정상에 관하여 필요한 사항을 신문할 수 있다.'라고 규정하고 있으므로, 변호인의 피고인신문권은 변호인의 소송법상 권리이다. 한편 재판장은 검사 또는 변호인이 항소심에서 피고인신문을 실시하는 경우 제1심의 피고인신문과 중복되거나 항소이유의 당부를 판단하는 데 필요 없다고 인정하는 때에는 그 신문의 전부 또는 일부를 제한할 수 있으나 변호인의 본질적 권리를 해할 수는 없다. 따라서 **재판장은 변호인이 피고인을 신문하겠다는 의사를 표시한 때에는 피고인을 신문할 수 있도록 조치하여야 하고, 변호인이 피고인**

을 신문하겠다는 의사를 표시하였음에도 변호인에게 일체의 피고인신문을 허용하지 않은 것은 변호인의 피고인신문권에 관한 본질적 권리를 해하는 것으로서 소송절차의 법령위반에 해당한다."고 판시하여, 상고이유임을 긍정한 사례도 있습니다. (대법원 2020. 12. 24, 선고 2020도10778 판결)

피고인신문은 수사기관에서 실시하는 피의자신문, 피의자조사와 비슷한 면도 있으나, 사전에 변호인과의 상의와 준비를 통해 공소사실이나 양형과 관련하여 피고인에게 유리한 부분을 재판부에 현출하는 것이 가능하다는 점에서 본질적으로 피의자신문 등과는 성격이 다릅니다. 물론, 피고인신문의 경우에도 검사가 반대신문을 통해 피고인의 주장이나 진술을 탄핵할 수 있으므로, 예상되는 검사의 공격과 질문에 대응할 준비를 철저히 해야 합니다.

15
형사합의금 및 형사합의 방법

Q

저는 아들 하나, 딸 하나가 있는데, 공교롭게도 최근에 두 녀석이 비슷한 시기에 사고를 쳤습니다. 아들은 강제추행 사건에 연루되어 검찰수사 중에 있고, 딸은 업무방해 및 폭행사건으로 이제 막 수사가 시작되어 경찰에서 조사 한 번 받았습니다. 정말 자식이 웬수라는 생각도 들지만, 다 자식 잘못 키운 제 잘못이지 누구를 탓하겠습니까? 어떻게든 합의를 보고 최대한 선처를 받는 쪽으로 진행하려고 하는데, 합의금은 얼마나 적당하고 어떤 방법으로 합의를 진행하는 것이 좋겠습니까?

A

형사사건에서 합의금을 얼마로 하는 것이 좋겠냐는 문의는 가해자, 피해자를 불문하고 많은 분들이 묻는 내용입니다. 그런데, 사실 적정한 합의금의 기준은 일률적으로 판단하기 어렵습니다. 가해자의 자력(資力), 가해자의 처벌 감수 여부 등 가해자가 사건을 바라보는 태도, 피해 정도 및 피해자의 사건을 바라보는 태도 등 너무 많은 변수가 있기 때문입니다. 교통사고나 상해사건의 경우에는 진단 주수에 따라 1주당 합의금 50만 원 또는 100만 원 정도가 적당하다는 이야기를 하기도 하지만, 이 또한 하나의 기준에 불과할 뿐 합의금을 정하는 데에 있어서는 많은 변수나 인자가 존재합니다.

먼저, 합의를 누구와 진행해야 할지부터 확신이 서지 않는 경우가 많습니다. 가해자, 피해자 어떤 입장이든 변호인이 있을 때에는 변호인을 통해 합의를 진행하는 것을 적극 권장합니다. 당사자끼리 합의를 직접 진행하다 보면, 감정이 깊이 개입되거나 합의방식(대개는 합의금 액수가 되겠지요.)에 대한 큰 이견(異見) 때문에 오히려 갈등의 골이 깊어진 상태로 합의가 무산되는 경우가 매우 많습니다.

가해자의 입장에서, 합의서에는 '처벌불원' 즉 피해자가 가해자에 대한 처벌을 원하지 않는다는 취지가 반드시 담겨 있어야 합니다. 이 문구가 없으면 민사합의로만 이해가 될 소지가 있으니, 반드시 형사처벌을 원하지 않는다는 내용이 들어가 있어야 합니다. 합의서 제목을 아예 '합의 및 처벌불원서'와 같은 식으로 하여, 피해자가 가해자의 처벌을 원하지 않는다는 취지를 명확히 하는 것도 하나의 방법입니다. 보통은 "민·형사상 어떠한 이의도 제기하지 아니한다."라는 취지의 문구를 넣어 민·형사 합의를 모두 한다는 뜻을 명백히 합니다.

합의서(및 처벌불원서)의 본 내용 뒤에는 신분증이나 인감증명을 첨부하는 것이 좋습니다. 그런데 많은 경우에 피해자 측으로부터 인감증명을 받기가 쉽지 않습니다. 이럴 때에는 피해자로부터 신분증 사진을 휴대전화 등으로 전송받아 합의서 뒤에 첨부하는 것도 하나의 방법이 될 수도 있습니다. 재판부에 따라 합의서가 진정으로 작성되었는지를 판단하는 기준이 천차만별이기 때문에, 합의서의 진정 성립을 보여주기 위해 심혈을 기울여야 합니다. 심지어 피해자와 합의하는 과정을 촬영하여 그 영상물을 제출하는 것까지 요구하는 재판부도 있습니다.

16
형사공탁

Q

이어서 질문을 드립니다. 만약에 제가 직접 하든, 변호사를 선임해서 진행하든 합의를 시도했는데, 상대방 측에서 터무니없는 금액의 합의금을 요구하는 경우에는 어떻게 해야 하나요? 가정형편이 넉넉하지 않아서 아들, 딸 사건 합쳐서 500만 원 정도에 마무리했으면 좋겠습니다.

A

앞에서도 말씀드렸듯이, 피해자 측의 의중과 이 사건에 대한 태도 등을 알 수 없기에, 500만 원 정도로 합의가 가능할지 장담할 수는 없습니다. 그러나, 말씀하신 대로 사죄의 뜻과 합의금을 전달하고 합의를 하려고 하였는데, 상대방이 가해자가 감당하기 어려울 정도의 거액을 요구하면서 "단 한 푼도 깎아줄 수 없다. 이를 수용하지 못하면 처벌을 받아라. 나는 민사로 하면 그만이다." 라는 식으로 나올 수도 있습니다. 가해자와 피해자가 제시하는 합의금 금액에 큰 차이가 없다면 시간은 조금 걸리더라도 서로 양보하여 합의점을 찾을 수 있겠지만, 그 간극이 너무 크다면 결국 합의는 결렬될 수밖에 없을 것입니다. 이러한 경우 대안으로 생각할 수 있는 것이 '형사공탁' 제도입니다.

형사공탁은 **법원에 일정 금액을 맡기고 피해자에게 이를 찾아가도록 하는 제도**입니다. 합의금에 대한 이견(異見) 등 다양한 이유로 합의하지는 못하였다고 하더라도, 가해자가 피해회복을 위해 진지한 노력을 했다는 것을 보여주고 감형이나 선처를 구할 수 있습니다. 이때 피해자가 공탁금을 찾아가지 않을 수도 있지만, 피고인(가해자) 측에서는 결과적으로 합의에는 이르지 못하였다고 하더라도 피해회복을 위해 노력하였다는 점을 법원에 호소하고 선처를 받을 여지가 있는 것입니다.

문제는 이 형사공탁을 하기 위해서도 피해자의 인적사항(주민번호 및 주소)을 알아야 한다는 것입니다. 피해자와 합의하기 위해 피해자 인적사항 열람등사 신청을 하더라도 보통 피해자의 전화번호만 공개됩니다. (물론 이 경우에도 피해자가 자신의 연락처 공개에 동의해야 합니다.) 그런데, 형사공탁을 위한 인적사항 열람등사 신청을 한다고 하더라도, 피해자가 그마저도 거부해 버리면 형사공탁 역시 할 수 없습니다. 따라서 형사공탁은 원래

부터 친분관계가 있어 피해자의 주민번호, 주소 등을 아는 경우에만 제한적으로 활용될 수 있습니다. 현행 제도 하에서는 위와 같은 제한이 있기 때문에, 사건번호 등만으로 피해자에게 형사합의금을 공탁하여 감경받을 수 있도록 하는 제도가 현재 입법(공탁법)되었고[24] 2022년 12월부터 시행될 예정이니, 앞으로 피고인, 가해자 입장에서는 공탁을 통해 감경받을 수 있는 기회가 더 넓어졌다고 할 수 있습니다.

마지막으로, **공탁조차 어려운 경우**에는 **자신이 피해회복에 무심하거나 피해회복을 위해 노력하지 않은 것이 아니라, 피해회복을 위해 최대한의 노력을 하였으나 결과적으로 합의나 공탁을 하지 못하게 되었다는 점을 적극 소명**해야 합니다. 구체적으로는, 상대방과 합의를 시도했음을 확인할 수 있는 대화내역, 공탁을 시도하였으나 거부된 사정을 확인할 수 있는 서류, 합의 또는 공탁을 위해 마련한 금원을 입증할 잔고증명 등을 제출하는 것을 예로 들 수 있습니다.

---

24 ① 형사사건의 피고인이 법령 등에 따라 피해자의 인적사항을 알 수 없는 경우에 그 피해자를 위하여 하는 변제공탁(이하 "형사공탁"이라 한다)은 해당 형사사건이 계속 중인 법원 소재지의 공탁소에 할 수 있다.
② 형사공탁의 공탁서에는 공탁물의 수령인(이하 이 조에서 "피공탁자"라 한다)의 인적사항을 대신하여 해당 형사사건의 재판이 계속 중인 법원(이하 이 조에서 "법원"이라 한다)과 사건번호, 사건명, 조서, 진술서, 공소장 등에 기재된 피해자를 특정할 수 있는 명칭을 기재하고, 공탁원인 사실을 피해 발생시점과 채무의 성질을 특정하는 방식으로 기재할 수 있다.

17
양형조건

사소한 일로 친구와 다투다가 주먹질까지 하게 되었습니다. 경찰까지 와서 뜯어말렸는데 결국 쌍방폭행으로 서로 고소를 하였습니다. 문제는 저에게 3년 전 폭력전과가 있다는 건데요, 친구는 전과가 하나도 없습니다. 게다가 제게 폭력전과가 있다는 것도 잘 알고 있습니다. 지금이라도 합의를 보는 것이 나을까요? 만약 이 상태에서 서로 합의하지 않은 채로 기소되어 재판을 받으면 친구보다 제가 더 무거운 처벌을 받게 되는 건가요?

A

쌍방폭행이라고 하였는데, 질문자와 친구 모두 단순폭행죄로 형사입건된 것이라면, 원만히 합의하여 서로에 대해 처벌을 원하지 않는다는 취지의 서면을 제출하여 각 '공소권 없음' 처분을 받을 수 있습니다. 폭행죄는 피해자의 의사에 반해 처벌할 수 없는 반의사불벌죄이기 때문입니다. 그러나, 상해죄나 특수폭행죄로 의율되는 경우에는 이야기가 달라집니다. 상해죄, 특수폭행죄는 반의사불벌죄가 아니기 때문에, 설령 합의가 되어 서로 처벌을 원하지 않는다는 의사표시를 한다고 하더라도 처벌은 가능하며, 단지 합의 및 처벌불원 사실이 양형 단계에서 고려될 것입니다. 한편, 우리 **형법은 제51조에서 양형의 조건으로 ① 범인의 연령, 성행, 지능과 환경 ② 피해자에 대한 관계 ③ 범행의 동기, 수단과 결과 ④ 범행 후의 정황**을 형을 정함에 있어 참작해야 할 요소로 규정하고 있습니다. 사례에서 쌍방합의하는 경우에, 그 어떤 전과도 없는 친구의 경우에는 상해 또는 특수폭행 혐의가 인정된다고 하더라도 다른 양형조건도 나쁘지 않은 경우 검사의 불기소 처분인 기소유예 처분도 노려볼 수 있습니다.

즉, 형사책임의 범위는 개별적으로 판단하는 것이기 때문에, 쌍방폭행이고 서로에 대한 폭행의 정도가 비슷하다고 하더라도 당연히 형사처벌의 수위는 달라질 수 있습니다. 질문자는 폭력 전과가 있고, 이는 지금 문제되고 있는 사건과의 관계에서 동종 전과라 할 수 있기 때문에, 아무래도 양형에 불리하게 작용할 수밖에 없습니다. 질문에 대한 답은 모두 "의심의 여지 없이 그렇다."입니다.

18
미합의 시 실형 가능성

Q

무역회사에서 경리로 근무하다가 회사 자금을 횡령한 혐의로 기소되어 형사재판을 받게 되었습니다. 공소장에 기재된 피해액은 3억 원입니다. 3억 원의 대부분을 주식하고 개인채무 갚는 데 사용하였고, 마땅히 돈을 빌릴 데도 없어 회사 측과 합의는 보지 못했습니다. 제가 앞으로 몇 년형을 선고받게 될까요? 무조건 실형을 선고받게 될까요?

A

다양한 유형의 범죄에 대해서 대법원의 양형위원회에서 만든 양형 기준표가 적용됩니다. 포털 사이트에서 '양형위원회'로 검색하여 들어간 뒤 상단의 '양형기준 - 시행 중 양형기준'을 클릭하면 각종 범죄의 양형기준을 확인할 수 있습니다. 양형 기준표에는 범죄 유형별로 감경사유와 가중사유 등이 기재되어 있습니다.

질문자가 문의한 횡령죄의 양형 기준표를 보면, 감경사유에는 진지한 반성, 형사처벌 전력 없음, 피해회복, 소극적 가담 등이, 가중사유에는 상습범, 누범 등 범죄전력, 범행 후 증거은폐 또는 은폐시도, 합의시도 중 피해야기 등의 사유가 포함되어 있습니다. 그러나 위 양형기준에 의하더라도 상당 내용은 판사님의 재량으로 채워질 수밖에 없습니다. 결국 질문한 내용대로 몇 년형을 선고받게 될 것인지는 양형기준과 판사님의 재량에 의해 결정되는 것이기 때문에 섣불리 예측할 수는 없습니다. 재산범죄에 한정하여 이야기하면 실무적으로 피해액 1억 원이면 보통 징역 1년 정도의 형을 선고받는다는 식의 이야기를 하곤 합니다.

그러나, 몇 가지 유형의 범죄에서는 위와 같은 기준이 적용되지 않고 보다 엄격한 처벌을 받게 됩니다. 예를 들어, 10여 년부터 큰 사회적 문제로 떠오른 보이스피싱 범죄의 경우에는 범죄총책이나 중간관리책뿐만 아니라 현금수거책 등 단순 가담자도 법원의 무관용 원칙에 따라 "4천만 원의 피해액에 징역 2년"과 같이 엄한 처벌을 받게 되는 경우가 허다합니다. 또, 사회적으로 이목을 끄는 범죄나 죄질이 특히 좋지 않다고 판단되는 경우에도 1억 원의 피해액에 징역 1년이라는 통상의 기준을 훨씬 초과하는 형을 선고받기도 합니다. 대표적으로 코로나19 바이러스의 대유행으로 인한 엄중한 시국에 가짜 마스크로 KF94 마스크를 판다고 속여 5천만 원을 편취한 사안에서 징역 3년(누범 가중)이 선고된 것을 예로 들 수 있습니다.

　사실, 질문자의 전과여부, 구체적인 범행방법, 횡령한 돈의 사용처, 기타 양형자료에 대해 구체적인 정보가 없는 상태에서 실형 가능성을 예측하는 것은 무리가 있습니다. 그럼에도 불구하고, 비교적 자신 있게 말할 수 있는 부분은 피해자가 있는 범죄에 있어서는 피해회복, 피해자와의 합의가 가장 중요한 양형요소라는 점입니다. 따라서, 질문자의 사건에서 피해금액이 비교적 크다는 점을 고려하면, 합의는 물론이고 피해회복이 전혀 되지 않는다고 가정할 때 실형을 면하는 것은 쉽지 않아 보입니다.

19
최종변론, 최종진술

Q

전자금융거래법 위반 등으로 재판 중이고, 1년 가까이 재판을 받아왔습니다. 어느 날 변호사가 마지막 재판이라고 하면서, 최후진술을 준비해오라고 합니다. 뭘 어떻게 준비해야 하냐고 물으니 솔직한 감정을 이야기하면 된다고 하는데, 제가 법에 대해서 잘 모르다 보니 최후진술 때 어떻게 이야기해야 하고, 어떻게 이야기해야 제 재판에 불리하지 않게 결론이 날 것인지 궁금합니다.

A

증거조사와 피고인신문이 끝나면 재판장이 검사에게 "검사 측 의견 진술하세요."라고 합니다. 이때 검사는 사실과 법률 적용에 관한 의견을 진술하게 되는데, 이를 '논고'라고 하며, 이중 특히 검사의 양형에 대한 의견을 '구형'이라고 합니다. 그 다음에는 (변호인이 선임되어 있는 경우) 피고인의 변호인에게 "변호인, 최종변론 하세요."라고 합니다. 변호인이 최종변론을 하면, 마지막으로 피고인에게 최종의견을 진술할 것을 요청합니다.

피고인과 변호인에게 최종의견 진술의 기회를 주는 것은 재판장의 의무사항입니다. 형사소송법은 "재판장은 검사의 의견을 들은 후 피고인과 변호인에게 최종의 의견을 진술할 기회를 주어야 한다."라고 규정하고 있습니다.(법 제303조) 우리 대법원도 피고인과 변호인에게 최종의견 진술의 기회를 주지 않은 채 심리를 마치고 판결을 선고한 것은 위법하다고 판시한 바 있습니다.[25](대법원 2018. 3. 29, 선고 2018도327 판결)

최종진술 때 말할 내용은 솔직한 감정을 담아 진술하게 표현하는 것이 중요합니다. 혐의를 인정하고 양형 주장을 하는 경우에는 반성하고 뉘우치는 마음, 재범하지 않겠다는 의지, (피해자가 있는 경우) 피해자에 대한 미안함 등을 이야기하면서 선처를 구할 필요가 있습니다. 무죄 주장을 하는 경우에는 무죄 주장을 하는 이유를 마지막으로 정리해서 말씀드리면 됩니다. 간혹 피

---

25 「형사소송법 제303조는 "재판장은 검사의 의견을 들은 후 피고인과 변호인에게 최종의 의견을 진술할 기회를 주어야 한다."라고 정하고 있으므로, 최종의견 진술의 기회는 피고인과 변호인 모두에게 주어져야 한다. 이러한 최종의견 진술의 기회는 피고인과 변호인의 소송법상 권리로서 피고인과 변호인이 사실관계의 다툼이나 유리한 양형사유를 주장할 수 있는 마지막 기회이므로, **피고인이나 변호인에게 최종의견 진술의 기회를 주지 아니한 채 변론을 종결하고 판결을 선고하는 것은 소송절차의 법령 위반에 해당한다.**」

고인 중에는 최종진술이 큰 의미가 있겠냐며 대충 또는 무성의하게 준비하는 사람들도 있는데, 별로 바람직한 자세는 아닙니다. 말주변이 없다거나 떨린다는 등의 이유로 준비한 최종진술을 제대로 이야기하지 못할 것 같다면, 최종진술할 내용을 메모해와서 읽는 것도 무방합니다. 이때, 간혹 법원 실무관이 피고인이 보고 읽은 메모지를 달라고 요청하기도 하는데, 전혀 당황할 필요는 없습니다. 주로 속기사의 녹취서 작성에 참조하기 위해서 달라고 요청하는 것이니 부담 갖지 않아도 됩니다.

20
소년보호 처분

Q

얼마 전에 만 17세 딸이 집단폭행에 연루되어서 경찰조사를 받은 적이 있습니다. 이후 사건이 검찰로 송치되었다가 다시 가정법원에 소년보호 처분으로 넘어갔다고 합니다. 주위에 물어보니 교도소에 가거나 집행유예 같은 형벌을 받는 것은 아니라고 하는데, 향후 절차가 어떻게 되는 것인가요? 딸은 직접 폭행에 가담한 적은 없다고 하면서 억울해하고 있습니다. 무죄라고 해야 하나요, 딸의 억울함을 풀 수 있는 방법은 없나요? 딸은 비행청소년도 아니고, 이 사건 전까지 경찰 같은 데서 조사받은 적도 한 번도 없습니다.

A

소년이 범죄를 저질러 소년보호 사건으로 넘어간 경우, 통상적으로는 심리를 열어 소년법 제32조에서 규정하고 있는 보호처분(1호에서 10호)을 내리게 됩니다. 통상 심리 전에 보호관찰소의 조사관에게 소년이 범행에 이르게 된 경위 등 범행 자체에 대한 것과 가정환경 등 환경에 대해 면담을 통해 조사하게 하고, 이 보고서 내용을 토대로 처분이 결정됩니다.

법에서 규정하고 있는 보호처분에는 ① 보호자 또는 보호자를 대신하여 소년을 보호할 수 있는 자에게 감호 위탁 ② 수강명령 ③ 사회봉사명령 ④ 보호관찰관의 단기(短期) 보호관찰 ⑤ 보호관찰관의 장기(長期) 보호관찰 ⑥ 「아동복지법」에 따른 아동복지시설이나 그 밖의 소년보호시설에 감호 위탁 ⑦ 병원, 요양소 또는 「보호소년 등의 처우에 관한 법률」에 따른 의료재활소년원에 위탁 ⑧ 1개월 이내의 소년원 송치 ⑨ 단기 소년원 송치 ⑩ 장기 소년원 송치처분이 있습니다. 각 보호처분을 병과하여 부과하는 것도 가능하며 실무상 보호처분을 하는 대부분의 경우에 여러 보호처분을 병과하여 선고합니다. 해당 사건의 내용, 사건에 이르게 된 경위, 사건 이후 정황, 과거에 보호처분을 받거나 형사처분을 받은 적이 있는지 등을 종합적으로 고려하여 1호에서 10호 처분 중 하나 또는 여러 개를 선택하여 선고를 합니다.

그런데, 소년보호 사건에서도 성인사건에서와 같이 무죄 주장을 할 수 있습니다. 이때, 소년법원 판사는 심리 후에는 '불처분 결정'을 내릴 수 있는데(법 제29조)[26], 성인사건의 무죄판결이나 선고유예 판결과 유사한 것이라고 생각하면 됩니다. 판결 주문에는 "이 사건에 대하여는 처분을 하지 아니한다."라는 식으로 기재됩니다. 반드시 무죄 주장을 하지 않더라도, 범행동기에 참작할 만한 사유가 있다거나 피해의 정도가 심하지 않다는 점 등을 적극적으로 주장하여 '불처분 결정'을 받을 수도 있습니다.

참고로, 소년법원은 '불개시 결정'이라는 것도 할 수 있는데(법 제19조), 소년법원 판사가 송치서나 조사관의 조사보고 내용에 따라 사건의 심리를 개시할 수 없거나 개시할 필요가 없다고 판단하는 경우 심리를 개시하지 않는 것을 의미합니다. 보호처분을 하지 않는다는 점에서 그 본질은 불처분 결정과 비슷하지만, 그 처분이 심리개시 전후에 이루어진 것인지에 있어서 차이가 있는 것입니다.

---

26 제29조(불처분 결정) ① 소년부 판사는 심리 결과 보호처분을 할 수 없거나 할 필요가 없다고 인정하면 그 취지의 결정을 하고, 이를 사건 본인과 보호자에게 알려야 한다.

21
선고유예

Q

저는 코로나19가 발병하던 초창기에 코로나에 걸려서 관리를 받고 있었습니다. 그런데, 보건소 공무원이 제 코로나 감염사실을 주위에 알리는 끔찍한 일이 발생했고, 저는 엄청 분노했지만 그 공무원이 사정하고 애원해서 결국 합의를 해주었습니다. 이후 사건을 잊고 지냈는데, 이 사건에 관심이 있었던 제 친척 중 한 분이 재판 결과를 알려주더라고요. 선고유예인가를 받았다고 하던데, 이게 유죄판결인가요, 아니면 무죄판결인가요?

A

우선 선고유예는 유죄판결의 일종입니다. 선고유예는 비교적 가벼운 죄를 저지른 경우에 형의 선고 자체를 유예하여, 피고인을 처벌한다는 낙인찍기를 줄임으로써 피고인의 사회복귀를 도모

하기 위한 제도입니다. 우리 형법은 제59조 제1항에서 "**1년 이하의 징역이나 금고, 자격정지 또는 벌금의 형을 선고할 경우**에 제51조의 사항을 고려하여 **뉘우치는 정상이 뚜렷할 때에는 그 형의 선고를 유예할 수 있다.** 다만, **자격정지 이상의 형을 받은 전과가 있는 사람에 대해서는 예외로 한다.**"라고 규정하고 있습니다. 따라서, 징역 또는 금고의 전과가 있는 사람은 선고유예를 받을 수가 없게 됩니다.

선고유예를 받은 날로부터 2년을 경과한 때에는 면소(免訴)된 것으로 간주합니다. (법 제60조) 집행유예가 본래의 형에 대한 집행을 유예하는 것임에 반해, 선고유예는 본래의 형에 대한 선고 자체를 유예한다는 점에서 차이가 있습니다. 선고유예도 집행유예처럼 실효 제도가 있어, 유예기간 중 자격정지 이상의 형에 처한 판결이 확정되거나 자격정지 이상의 형에 처한 전과가 발견된 때에는 유예한 형을 선고하게 됩니다. (법 제61조)

선고유예는 유죄판결의 일종이지만, 죄질이나 정상이 비교적 경미한 경우에 내리는 처분으로 일부 범죄 및 형[27]을 제외하고는 공무원의 당연퇴직사유로는 규정되어 있지 않습니다. (국가

---

27 「형법」제129조부터 제132조까지, 「성폭력범죄의 처벌 등에 관한 특례법」제2조, 「아동·청소년의 성보호에 관한 법률」제2조 제2호 및 직무와 관련하여 「형법」제355조 또는 제356조에 규정된 죄를 범한 사람으로서 금고 이상의 형의 선고유예를 받은 경우만 해당

공무원법 제69조, 제33조, 지방공무원법 제61조, 제31조) 코로나 팬데믹 초창기에 질문자의 사안과 유사한 사례에서 많은 공무원들이 「개인정보보호법」 또는 「감염병의 예방 및 관리에 관한 법률」 위반 혐의로 재판을 받던 중 선고유예를 선고받고 공무원직을 유지할 수 있었습니다.

22
집행유예제도의 의의, 요건

Q

TV를 보다 보면 누가 집행유예를 선고받았다는 기사를 종종 접하곤 합니다. 집행유예라는 것이 죄인을 감옥에 보내지 않고 봐주는 것으로 알고 있습니다. 그런데, 모범시민인 제가 보기에 음주운전, 마약, 존속상해 등 죄질이 정말 안 좋아 보이는 범죄자들도 집행유예를 너무 쉽게 받는 것 같습니다. 도대체 집행유예라는 것이 왜 있는 것이고, 어떤 경우에 집행유예를 받는 것인지 궁금합니다.

A

집행유예는 3년 이하의 징역 또는 금고를 선고할 경우 범죄인에 대하여 형을 선고함과 동시에 정상을 참작할 만한 사유가 있는 때에 그 집행을 일정 기간(1년 이상 5년 이하) 동안 유예하고

그 기간을 무사히 경과하면 형 선고 자체의 효력을 잃게 하는 제도입니다. (형법 제62조) 형의 집행유예는 단기자유형의 폐단을 피하면서 형의 집행 없이 피고인의 사회복귀를 도모하고, 특별예방주의라는 형벌 목적 달성에 기여하는 제도로 이해되고 있습니다.

3년 이하의 징역 또는 금고를 선고할 경우에만 집행유예 선고가 가능하므로, 법정형이 높은 범죄의 경우에는 작량 감경을 한다고 하더라도 법률상 감경과 같은 특별한 사유가 없는 한 물리적으로 집행유예를 받는 것이 원천적으로 불가능할 수도 있습니다.

집행유예 역시 엄연한 유죄판결인데도 불구하고 단지 교도소에서 복역하지 않는다는 이유로 판사님이 무죄 선처해주었다고 잘못 알고 있는 분들도 있습니다. 특히 집행유예가 취소되거나 실효되는 경우 유예된 형을 살아야 하므로, 일반인들이 생각하는 것보다 중한 형벌입니다. 물론, 집행유예 기간 고의로 큰 범죄를 저지르지 않는 한 또는 보호관찰이 부과된 경우 보호관찰관의 지시나 법원의 명령에 불응하지 않는 한 집행유예 기간이 지나면 전과에 집행유예 선고 전력이 남는 것 이외에 불이익은 없으므로 (심지어 벌금형처럼 금전적 지출이 있는 것도 아닙니다.) 피해자가 있는 사건의 경우에 피해자 입장에서는 가해자가 온당한 처분을 받은 것인지 의문을 표하는 경우가 많습니다.

어쨌든 재판 중인 피고인(가해자)은 실형 선고의 가능성이 조금이라도 있다면, 막연히 실형은 받지 않을 것이라고 낙관하지 말고 반성문, 탄원서나 기타 양형자료를 통해 범행경위, 범행 후 정황, (피해자가 있는 경우) 피해회복을 위한 진지한 노력, 기타 양형에 참작해야 할 상황 등을 충실히 설명하여 선처를 받을 수 있도록 적극 노력해야 합니다.

23
누범기간 중 범행

Q

예전에 특수공무집행방해치상으로 징역 1년 6월을 선고받고 만기출소한 적이 있습니다. 그런데, 출소 후 몇 달 뒤에 점유이탈물횡령죄를 저질러서 다시 수사와 재판을 받게 되었습니다. 이런 경우를 누범이라고 부르는 것으로 알고 있습니다. 누범기간 중에 다시 범죄를 저지르면 엄벌에 처한다고 하던데, 저는 무조건 실형을 살게 되는 것인가요? 사실 제가 특수공무집행방해치상으로 교도소 생활을 하기 전에 폭행전과가 몇 번 있긴 한데, 이번에는 전혀 성격이 다른 범죄니까 조금은 걱정을 덜해도 되지 않을까요?

A

우선 누범(累犯)의 의미를 정확하게 알아볼 필요가 있습니다. 우리 형법은 제35조 제1항에서 "**금고(禁錮) 이상의 형을 선고받아**

그 집행이 종료되거나 면제된 후 3년 내에 금고 이상에 해당하는 죄를 지은 사람은 누범으로 처벌한다."고 규정하고 있습니다. 누범에 해당하면 형법적으로는 해당 죄에 대해 정한 형의 장기(長期)의 2배까지 가중하여 처벌할 수 있게 됩니다. (법 제35조 제2항)

또한, **소송법적으로는 누범에 해당하면 집행유예의 결격사유가 되는 효과가 있습니다.** 즉, 우리 형법은 제62조 제1항 본문에서 "3년 이하의 징역이나 금고 또는 500만 원 이하의 벌금의 형을 선고할 경우에 제51조의 사항을 참작하여 그 정상에 참작할 만한 사유가 있는 때에는 1년 이상 5년 이하의 기간 형의 집행을 유예할 수 있다."라고 규정하면서도 같은 조 단서에서 "**다만, 금고 이상의 형을 선고한 판결이 확정된 때부터 그 집행을 종료하거나 면제된 후 3년까지의 기간에 범한 죄에 대하여 형을 선고하는 경우에는 그러하지 아니하다.**"라고 하여, **누범기간의 범죄에는 집행유예를 할 수 없도록 규정**하고 있습니다.

따라서, 누범기간 중 범행을 한 질문자의 경우에는 집행유예의 결격사유에 해당하기 때문에 집행유예를 받을 수 없습니다. 하지만 집행유예를 받을 수가 없다는 의미일 뿐 법리적으로나 논리적으로 벌금형 선고는 가능합니다. 다만, 현실적으로 누범기간 내에 범행을 저지른 경우에는 실형이 선고될 가능성이 높은 것은 엄연한 사실입니다. 그렇다고 해서 무조건 실형을 받는다는 의미는 아니고, 피고인의 태도, 새로운 범죄를 저지른 시점, 죄질, 범죄 후 정황, 합의여부 등 다양한 양형사유를 고려하여 판사님이 실형을 선고할지, 벌금형을 선고할지를 결정할 것으로 보입니다.

질문자가 재판받게 될 죄명인 점유이탈물횡령죄는 법정형이 1년 이하의 징역 또는 300만 원 이하의 벌금으로(형법 제360조) 비교적 낮은 편에 속합니다. 따라서, 비록 누범기간의 범행이라고 하더라도 범행에 이르게 된 경위나 동기, 범행 후 정황 등에 대해 설명할 내용이 있거나 제출할 양형자료가 있다면, 적극적으로 변론을 해야 벌금형 등의 선처를 기대할 수 있을 것으로 보입니다.

실제 담당했던 사례 중에 폭력범죄로 실형을 살고 출소한 지 얼마 지나지 않아 누범기간 중에 공무집행방해죄를 저지른 사안에서, 범행이 우발적이고 피해자와 합의하지는 못하였지만 일정 금액을 공탁한 점 등을 중심으로 적극적으로 변론하여 벌금 600만 원의 선고를 받은 사례가 있습니다.

24
집행유예 기간 중 범행일 때 처벌

Q

음주운전으로 집행유예 기간 중에 다시 음주운전 범행을 저지르고 말았습니다. 너무 후회되지만, 이미 엎질러진 물이고 앞으로 처신이 중요할 것 같습니다. 집행유예 기간 중에 범행을 하면 법원에서 무조건 교도소로 보낸다는 이야기를 들었습니다. 이 말이 사실인가요?

A

상식적으로 생각해도, 판사님이 집행유예 선고를 통해 피고인에게 한 번 기회를 준 것인데 그러한 경고를 무시하고 범죄를 저질렀다면, 특히 이미 집행유예를 받은 상태에서 그 기간 중에 먼저 집행유예를 선고받게 된 범죄와 동종의 죄를 저질렀다면 이번에는 선처를 받기가 매우 힘들 것으로 보입니다. 질문자의 사례와 유사한 사건의 판결문에는 종종 "피고인이 집행유예 기간 중임에도 자숙하지 않고 이 사건 범행에 이른 점"과 같이 집행유예 기간 중 범행을 저지른 점을 피고인에게 불리한 양형사유로 지적하기도 합니다. 그러나, 집행유예 기간 중의 범행이라고 해서 무조건 실형을 선고받는 것은 아닙니다. 집행유예 기간 중에 범한 죄에 대한 기소 후 그 재판 중에 유예기간이 경과한 경우에는 다시 집행유예를 선고하는 것도 가능하며, 새로 저지른 범죄에서 벌금형 규정이 있는 경우 벌금형 선고도 받을 수 있습니다.

실형을 면하기 위해서는 앞으로 절대로 재범하지 않을 것임을 적극 강조하면서 판사님에게 마지막 기회를 줄 것을 호소해야 합니다. 실제 담당했던 사건 중에 전자금융거래법위반(대가를 받고 체크카드 등 접근매체를 배달한 혐의)으로 집행유예를 선고받고, 집행유예 기간 중에 다시 전기통신사업법위반(휴대전화 양도)으로 재판을 받게 된 피고인이 있었습니다. 집행유예 기간 중 동종 범행을 저질렀으므로 충분히 실형이 예상되는 사안이었으나, 피고인이 재범방지를 위해 처절하게 노력하고 있는 점과 피고인의 가정적, 사회적 유대관계가 뚜렷한 점 등을 적극적으로 변론한 끝에 벌금형을 선고받을 수 있었습니다. 또한, 폭력전과로 집행유예 기간 중 공무집행방해죄를 저지른 피고인의 경우에도 범행경위, 피고인의 건강상태, 재범하지 않기 위해 전문기관의 도움을 받는 등 노력하는 점 등을 부각시켜 집행유예를 받은 사례도 있었습니다.

25
실형선고와 법정구속

Q

지인이 사기죄로 재판을 받던 중 징역 1년을 선고받았는데, 선고 후에 법정 밖으로 나와 자신이 징역 1년을 받았다고 태연스레 이야기하고 다닙니다. 보통 실형 선고를 받으면 무조건 법정구속이 되는 것 아닌가요?

A

일반적으로는 "피고인에게 징역 2년을 선고한다."라고 할 때 그 징역 2년은 실형, 즉 교도소 같은 구금시설에 수용되어 형 집행을 해야 하는 것을 의미합니다. 그러나, 피고인에게 집행유예가 아닌 징역형의 실형을 선고하면서도 법정구속을 하지 않는 경우가 있습니다. 피고인에게 합의할 기회와 시간을 부여하기 위해서일 수도 있고(사실 이런 이유가 실형을 선고하면서 법정구속은 하지 않는 경우 중 가장 흔한 것이라고 할 수 있습니다.) 피고인의 건강 상태나 구치소 등 수용시설의 사정을 고려해서일 수도 있습니다.

이 경우에도 검사와 피고인이 모두 상소하지 않아 판결이 확정되는 경우 징역형을 집행할 수밖에 없습니다. 따라서, 1심에서 집행유예가 붙지 않은 징역형의 선고를 받았는데 상소하지 않은 경우에는 결국 징역형의 실형이 확정되어 수감생활을 해야 하므로 이를 저지하기 위해서는 우선 상소를 해야 합니다.

따라서, 지인이 1심에서 징역 1년을 선고받은 경우라면, 우선은 항소를 한 뒤 항소심 단계에서 합의를 위해 노력하거나 그 밖의 양형자료를 충분히 제출하는 등 적극적인 변론활동을 할 필요가 있습니다.

26
공소장 변경

Q

형사재판을 받던 중 검사가 공소장 변경을 신청한다고 하고, 판사님이 이를 허락해주셨다고 합니다. 변호사 말로는 저한테 불리한 것은 없으니 큰 걱정하지 말라고 하는데, 그래도 불안하기만 합니다. 공소장 변경이 무엇인지, 공소장 변경이 이루어진 경우 피고인에게 어떠한 영향이 있는지 알고 싶습니다.

A

검사가 수사를 종결하고 사건을 재판에 넘길 때 법원에 공소장을 제출합니다. 이 공소장에는 ① 피고인의 성명, 기타 피고인을 특정할 수 있는 사항 ② 죄명 ③ 공소사실 ④ 적용법조가 기재되어 있어야 합니다. 그런데 공소제기(기소) 후에 재판을 진행하다 보면, 검사 입장에서 애초 공소장에 적은 공소사실이 실제와 다른 것으로 밝혀지거나 적용해야 할 법조가 변경되어야 하는 경우 등이 발생할 수 있습니다. 이때 검사는 **피고인에 대한 공소사실의 동일성을 해하지 않는 한도**에서 법원의 허가를 얻어 **공소장에 기재된 공소사실 또는 적용법조[28]를 추가·철회·변경**할 수 있는데, 이를 공소장 변경이라고 합니다. (형사소송법 제298조 제1항)

그런데, 이러한 공소장 변경은 심판 범위의 변경을 수반하기 때문에 피고인의 방어권 보장 측면에서 피고인에게 불이익이 될 수도 있습니다. 이를 방지하기 위해 '공소사실의 동일성'이라는 실체적 요건과 법원의 허가라는 절차적 요건을 요구하고 있는 것입니다. 공소사실의 동일성이 무슨 의미인지(공소장 변경의 한계가 무엇인지)에 대해서 난해한 논의가 있지만, 결국에는 피고인의 방어권 행사에 지장이 없는지가 가장 중요한 판단기준이 될 것입니다. 공소장 변경이 피고인에게 반드시 유리한 것이라고 볼 수는 없습니다. 예를 들어, 검사는 잘못된 법조를 적용하여 무죄를 받을 위험이 있다는 생각이 들면 적용법조와 죄명을 바꿔서라도 유죄판결을 받으려고 하는 것처럼 공소장 변경이 피고인에게 불리한 경우도 종종 발생할 수 있습니다. 따라서, 이러한 경우에는 변호인을 통해 보다 적극적으로 공소장 변경에 관한 의견을 개진할 필요가 있습니다.

---

28 적용법조를 변경하는 경우로는 최근 소위 윤창호법에 대한 헌법재판소의 위헌결정으로 도로교통법 제148조의2 제1항 대신 같은 조 제3항을 적용하도록 공소장을 변경한 것을 예로 들 수 있습니다.

참고로, 변론을 하다 보면 공소장에 날짜, 금액 등에 명백한 오기나 누락이 있어 이를 수정하는 경우가 종종 있는데, 이는 '공소장 정정'이라고 하여 공소사실의 동일성의 범위 내인지가 문제 되는 공소장 변경과는 엄연히 구분됩니다.

27
피고인의 불출석

Q

형제보다 친한 친구가 있습니다. 이 친구가 현재 장물취득죄로 재판 중이라고 합니다. 그런데, 친구가 범죄전력이 많이 있는 데다가 피해자와의 합의도 어려울 것 같아, 이번에 실형을 선고받고 교도소에 가게 될까봐 걱정을 많이 하고 있습니다. 그런데, 가만히 이야기를 들어보니 걱정이 지나쳐서 재판에 나가지 않으려고 하는 것 같더라고요. 법이나 형사절차를 잘 모르는 제가 보기에도 매우 위험한 생각 같은데, 아무래도 재판에 꼭 참석하라고 권유하는 것이 낫겠지요?

A

피고인이 형사재판에 참석하는 것은 피고인의 권리이자 의무입니다. 그런데, 우리 형사소송법은 "경미사건 등과 피고인의 불출석"이라고 하여, 피고인이 출석하지 않더라도 개정(開廷)할 수 있는 경우를 규정하고 있습니다. ① 다액 500만 원 이하의 벌금 또는 과료에 해당하는 사건 ② 공소기각 또는 면소의 재판을 할 것이 명백한 사건 ③ 장기 3년 이하의 징역 또는 금고, 다액 500만 원을 초과하는 벌금 또는 구류에 해당하는 사건에서 피고인의 불출석허가 신청이 있고 법원이 피고인의 불출석이 그의 권리를 보호함에 지장이 없다고 인정하여 이를 허가한 사건 ④ 제453조 제1항에 따라 피고인만이 정식재판의 청구를 하여 판결을 선고하는 사건 등이 그것입니다.

이러한 경우를 제외하고 피고인이 계속하여 정당한 이유 없이 재판에 불출석하는 경우 법원은 구속영장을 발부할 수 있습니다. 법원은 우선 피고인을 소환하기 위하여 소환장을 발송하는데, 이 소환장이 계속하여 송달불능이 되면, 피고인 주소지 관할 경찰서에 소재탐지촉탁의 조치를 취하고 계속 소재파악이 안 되면 구속영장을 발부하게 됩니다. 나중에 구속영장이 발부된 피고인이 불심검문 등 신원확인 중 영장발부 및 지명수배 대상자라는 것이 확인되면 구속영장의 효력으로 구치소에 인치되어 구속 상태에서 재판을 받아야 합니다.

질문자의 친구가 실형을 받는 것이 두렵다고 잠적하여 재판에 불출석하게 되면, 일시적으로는 실형이나 법정구속을 면할 수 있겠지만, 앞의 설명처럼 결국에는 구속영장이 발부되고 지명수배 대상자가 되어 쫓기는 신세가 됩니다. 그리고, 언젠가는 검거되어 재판 중 불출석 사실이 양형에 불리하게 작용할 가능성이 높습니다. 참고로, 최근 서울중앙지방검찰청에서는 불출석 피고인 검거전담반을 편성, 운영하고 있습니다.[29] 특히 혈육보다 더 가까운 사이의 친구라면, 친구의 장래를 생각해서라도 재판에 꼭 출석할 것을 권유하라고 조언드리고 싶습니다.

---

[29] 2022. 8. 29. 법률신문, "재판 도중 잠적…… 불출석 피고인 검거 전담팀 출범"

28
검사의 집행유예 구형

Q

재판을 참관하다가 굉장히 희한한 광경을 봤습니다. 공판검사가 구형을 할 때 집행유예를 구형한다고 말했습니다. 재판장님도 깜짝 놀라 검사님에게 "집행유예요?" 하면서 반문하는 것 같더라고요. 이렇게 검사가 집행유예를 구형하는 경우도 있나요?

A

통상적으로 검사가 징역 몇 년을 구형한다고 할 때 그 징역은 실형(實刑)을 의미합니다. 즉 교도소에서 복역하는 방법으로 형 집행을 해야 한다는 의미이지요. 실무상 검사 구형보다는 낮은 형이 선고되는 것이 일반적입니다. 검사가 징역 3년을 구형하면 판사는 징역 1년이나 2년 또는 징역형의 집행유예를 선고하는 식입니다. 그런데, 질문하신 것처럼 드물게 공판검사가 집행유예를 구형하는 경우도 있기는 합니다. 대표적인 케이스가 피고인이 피해자와 합의를 하였을 때, 합의된 점을 반영하여 집행유예를 구형하기도 합니다. 담당했던 사건 중에서는 스무 살을 갓 넘긴 청년이 음주 상태에서 운전을 하다 정차 중인 차량을 추돌한 사안에서, 징역 1년에 집행유예 2년형을 구형하였고, 결국 법원은 벌금형을 선고한 적이 있습니다. 검사가 징역형의 집행유예를 구형한 정확한 이유는 알 수 없지만, 초범이고 피해자들과 합의한 점, 피고인의 평소 행실 등이 반영되었을 것으로 추측됩니다. 이런 사례들이 있기는 하지만, 검사가 징역형의 집행유예를 구형하는 경우는 매우 드뭅니다.

검찰청법 제4조는 검사의 직무에 대해 규정하고 있는데, 제1항에서 검사는 공익의 대표자이며, 제3항에서 검사는 그 직무를 수행할 때 국민 전체에 대한 봉사자로서 헌법과 법률에 따라 국민의 인권을 보호하도록 되어 있습니다. 보통 사람들의 머릿속에 검사라고 하면 나쁜 사람들을 법의 심판대에 올려놓고 죄를 낱낱이 밝혀서 형벌을 구형하는 이미지를 떠올리지만, 검사는 기본적으로 공익의 대표자이고 국민 전체에 대한 봉사자입니다. 그렇기 때문에 검사가 철저한 조사 끝에 집행유예를 구형하였다면 그것 또한 검사의 직무를 훌륭히 수행한다고 이해하시면 되겠습니다.

29
검사 구형과 형 선고

Q

음주운전 2회 위반으로 재판받던 중에 검사가 징역 2년을 구형했습니다. 구형을 듣고 조금 놀라기는 했는데, 주변에 알아보니 보통 검사 구형보다는 낮은 형이 선고된다고 하더라고요. 제가 이번에 잘못한 건 맞지만, 사람이 다치거나 물건이 파손된 사고를 낸 것도 아니고 다른 전과도 없으니 집행유예를 기대해도 되겠죠? 정말 최악의 경우 실형을 살더라도 검사가 구형한 만큼의 판결은 선고되지 않겠죠?

A

현재 상황에 대해 절대로 안이하게 생각하거나 방심해서는 안 된다는 말씀부터 먼저 드리고 싶습니다. 질문하신 분이 말씀하신 것처럼 보통 (공판)검사의 구형보다는 낮은 형이 선고되는 것이 일반적입니다. 그러나 말 그대로 일반적으로 그렇다는 것이지 그렇지 않은 경우도 종종 있습니다. 검사가 구형한 형과 같은 형을 선고하는 것을 구치소, 교도소 은어로 '역기 든다'고 표현하기도 합니다. 검사의 구형은 검사가 양형에 대한 의견을 밝히는 것이므로 재판장은 이에 구속되지 않습니다.

마찬가지로 검사는 벌금형을 구형했는데, 판사가 집행유예 선고를 하는 경우도 있습니다. 따라서, 절대로 안심하지 말고 양형자료를 적극적으로 제출해야 합니다. 사건에 대해 안이하게 생각하다가 결심(結審) 때 검사가 중형 구형한 것을 듣거나 징역형 또는 집행유예 선고를 받고 큰 충격을 받은 상태에서 변호사 사무실로 찾아오는 피고인 본인이나 가족 분들을 많이 보게 됩니다. 질문자의 인생을 책임져 줄 수도 없는 사람들의 말을 듣고 안이하게 대처하기보다는, "할 수 있는 것은 모두 한다."는 마음가짐으로 반성문, 탄원서, 대리운전 이용내역, 사회봉사 활동경력, 기부내역 등 양형자료를 수집하여 제출하는 등 적극적으로 변론활동을 하기를 권해드립니다.

30

재판의 당일 선고

Q

지인이 모욕사건의 피해자인데 재판에 증인으로 출석했다고 하더라고요. 친한 지인이라 재판 진행상황이 궁금해서 대법원 나의 사건검색에서 진행상황을 확인해봤더니, 지인이 재판에 출석한 날 '선고'한 것처럼 뜨더라고요. 원래 재판선고는 재판을 종결하고 몇 주 뒤에 하는 것으로 알고 있는데, 지인 케이스처럼 재판 당일 선고하는 경우도 있나요?

A

우리 형사소송법은 제318조의4에서 '판결선고기일'이라는 제목 하에 제1항에서 "판결의 선고는 변론을 종결한 기일에 하여야 한다. 다만, 특별한 사정이 있는 때에는 따로 선고기일을 지정할 수 있다."라고 규정하여 변론종결한 기일 당일에 판결선고를 해야 하는 것을 원칙으로 하고 있습니다. 그러나, 실무상으로는 변론종결 기일에 판결선고를 하는 경우는 극히 드물고 위 조항 단서처럼 변론기일 이후 2~4주 후로 선고기일을 잡는 것이 일반적입니다.[30]

그런데, 질문 내용처럼 예를 들어 모욕죄, 협박죄 같은 친고죄나 반의사불벌죄의 경우에는 피해자 또는 고소인이 피고인에 대한 처벌을 원하지 않는다는 의사표시만 하면, 사건의 실체에 대한 판단 없이 공소기각 같은 형식재판으로 사건을 종결할 수 있기 때문에 따로 선고기일을 잡지 않고 재판 당일에도 선고를 할 수 있습니다.

아마 지인 분이 증인신문을 한 뒤 재판부에 상대방(피고인)에 대한 처벌을 원하지 않는다는 의사표시를 했을 가능성이 높습니다. 피해자의 처벌을 원하지 않는 의사표시가 있었다면, 즉시 선고가 가능하기 때문에 굳이 다음 선고기일을 잡지 않고 결심(변론종결)과 동시에 선고까지 한 것으로 추측됩니다.

---

30 선고기일이 변론종결 후 몇 주 뒤로 지정되는지는 판사(재판장)가 고려하는 다양한 요인들, 즉 사건의 난이도, 재판부 사정, 양형자료 등 추가 자료의 제출 가능성 등에 따라 달라진다고 할 수 있습니다.

31
무죄판결의 공시

대부업법 위반으로 재판을 받던 중 무죄판결을 받았습니다. 그런데, 판사님이 선고를 하면서 무죄판결 이유를 공시할 것인데, 그에 동의하냐고 묻더라고요. 솔직히 그게 무슨 말인지 잘은 몰랐는데, 직감적으로 무죄판결을 받았으니 그간 재판받으면서 잃어버린 명예를 회복할 수 있도록 조치해주겠다는 이야기로 들리긴 했습니다. 제가 제대로 이해하고 있는 것이 맞나요?

A

질문에 본격적으로 대답하기에 앞서 우선 무죄선고 받은 것을 축하드린다고 말씀드리고 싶습니다. 대법원의 사법연감 자료에 의하면, 제1심 공판사건에서 무죄율은 2018년 3.41%, 2019년 3.14%, 2020년 2.75% 등으로 상당히 낮은 편입니다. 그만큼 검사가 일단 기소를 하면, 형사재판을 통해 무죄선고를 받기가 어렵다는 것을 뜻합니다.

형법 제58조의 제2항은 "피고사건에 대하여 무죄의 판결을 선고하는 경우에는 무죄판결공시의 취지를 선고하여야 한다."고 규정하고 있습니다. 2014년 개정 전까지는 "피고사건에 대하여 무죄 또는 면소의 판결을 선고할 때에는 판결 공시의 취지를 선고할 수 있다."라고 하여 임의적인 규정으로 되어 있었으나, 법개정으로 무죄판결 선고 시 무죄판결공시 취지를 선고하는 것을 의무로 규정하였습니다.

무죄판결을 선고받으면 그동안 수사 및 재판을 거치면서 실추된 명예를 회복할 수 있기에 무죄판결 사실 및 그 취지를 법원 게시판에 공지하는 방법으로 명예회복의 기회를 주도록 입법화한 것입니다. 그러나, 경우에 따라서는 형사사건에 연루된 것 자체를 창피하게 여기거나 실명이 노출되는 것을 꺼릴 수 있으므로 피고인이 무죄판결이 공시되는 것을 희망하지 않을 수도 있습니다. 그렇기 때문에 위 조항 단서에서 "다만, 무죄판결을 받은 피고인이 무죄판결공시 취지의 선고에 동의하지 아니하거나 피고인의 동의를 받을 수 없는 경우에는 그러하지 아니하다."라고 하여, 예외를 두고 있는 것입니다. 포털 사이트에서 "대한민국 법원 대국민서비스 사건검색"(또는 "대법원 나의사건검색")을 치고 위 웹사이트로 들어가 상단의 '공고' 및 '무죄판결공시'를 클릭하여 법원별로 게시된 무죄판결 공시의 내용을 확인할 수 있습니다. 아래와 같은 방법으로 무죄판결 취지가 공시됩니다.

서울○○지방법원

판결공시

제1심 사건번호 서울○○지방법원 2020고단○○○○ 성폭력범죄의처벌등에관한특례법위반(카메라등이용촬영)등

피고인 ○○○

위 피고인은 성폭력범죄의처벌등에관한특례법위반(카메라등이용촬영)등으로 기소되었으나 증거없음을 이유로 무죄의 판결이 선고, 확정되었음을 공시함

2022. ○. ○.
서울○○지방법원
판사 홍길동

 다만, 1심에서 무죄판결을 받은 것이라면, 검사가 항소할 가능성이 매우 높고 항소심 등을 거쳐 재판이 최종적으로 무죄로 확정된 다음 무죄판결의 공시 역시 가능할 것으로 보입니다.

32

무죄판결에 대한 상소

Q

기나긴 형사재판 끝에 무죄판결을 받았습니다. 그런데, 판결문을 받아보니 무죄로 판단한 이유 부분이 마음에 들지 않습니다. 이 때, 이 부분을 제대로 평가받기 위해 항소해서 다투는 것이 가능할까요?

A

판결 중 무죄판결은 피고인에게는 최상의 결과라고 할 수 있습니다. 그럼에도 불구하고, 사례에서와 같이 무죄선고된 이유에 대해 불만을 갖고 상소를 하려고 하는 사람들도 있습니다. 이는 상소의 이익, 즉 상소를 통해 얻는 이익이 있는가 하는 문제와 관련이 있고, 무죄판결에 대한 상소가 허용되는지 여부에 대해서는 학계에서도 견해 다툼이 있습니다. 그러나, **현재 우리 대법원은**

재판의 주문이 아닌 이유만을 다투기 위하여 상소하는 것은 허용되지 않는다는 입장입니다. (대법원 2017. 2. 21, 선고 2016도20488) 결국, 대법원 판례에 따를 때 무죄판결에 대해 그 이유를 다투기 위한 항소는 허용되지 않습니다.

같은 맥락에서, 면소판결[31]에 대해 무죄를 주장하며 항소하는 것이 가능한지에 대해서도 논의가 있습니다. 면소판결 역시 피고인에게 유리한 판결이기는 하지만, 유무죄에 대한 실체 판단을 한 것이 아니라 공소시효 완성 등 특정사유 발생 시 형식재판에 의해 절차를 종결시킨 것이기 때문입니다. 이에 대해서도 견해 대립이 있으나, 우리 대법원은 피고인이 면소판결에 대하여 무죄를 주장하면서 상소할 수 없다는 입장입니다. (대법원 2010. 12. 16, 선고 2010도5986 전원합의체 판결)

---

31 면소판결은 ① 확정판결이 있은 때 ② 사면이 있은 때 ③ 공소의 시효가 완성되었을 때 ④ 범죄 후의 법령개폐로 형이 폐지되었을 때와 같은 사유 발생 시, 형식재판에 의해 피고인을 형사절차에서 해방시켜 주는 것을 의미합니다.(형사소송법 제326조)

33

상소의 포기, 취하

Q

작은아버지가 사기 및 업무상 배임으로 재판을 받고 있었습니다. 수사 단계에서 구속이 되었고, 1심에서 징역 3년을 선고받고 검사도 작은아버지도 쌍방 항소를 하였습니다. 수사 단계에서부터 변호인을 선임하여 진행하기는 하였지만, 작은아버지의 자녀들, 즉 사촌동생들이 바쁜 자신들을 대신에 아버지 사건에 대해 신경을 써달라고 부탁을 해서, 재판과정에서 피해자와의 합의 등 문제를 변호사와 의논해 진행하였습니다. 그런데, 얼마 전에 항소심 선고가 쌍방 항소기각으로 났고, 며칠 뒤 '대법원 나의사건검색'으로 사건 진행상황을 확인하던 중 '피고인 상소포기'라고 씌어 있는 것을 보고 깜짝 놀랐습니다. 상소포기를 했다는 것이 무슨 말인가요?

A

상소의 포기란 상소권자가 '**상소제기 기간 내**'에 법원에 대하여 상소권의 행사를 포기한다는 의사표시를 의미합니다. 반면, **상소의 취하**란 **일단 제기한 상소를 철회하는 것**을 뜻합니다. 우리 형사소송법은 제349조(상소의 포기, 취하) 본문에서 "검사나 피고인 또는 제339조에 규정한 자는 상소의 포기 또는 취하를 할 수 있다."고 규정하고 있습니다. 한편 **상소의 포기의 경우에는 피고인 또는 상소권의 대리행사자는 사형 또는 무기징역이나 무기금고가 선고된 판결에 대하여 상소의 포기를 할 수 없다는 제한이 있습니다.(법 제349조 단서)** 그리고 법정대리인이 있는 피고인이 상소의 포기 또는 취하를 함에는 법정대리인의 동의를 얻어야 합니다.(법 제350조)

질문자의 작은아버지가 재판받고 있는 사건으로 추측건대, 상소의 포기를 할 수 없는 범죄로 재판을 받고 있는 것으로 보이지는 않습니다. 작은아버지가 상소포기를 한 이유는 작은아버지를 면회하여 직접 들어보는 것이 가장 확실한 방법이겠지만, 아마도 상고이유가 주로 법령 위반에 국한되는 등 제한적이라는 점과 같이 상고를 할 실익이 없다는 판단 때문에 상소포기를 선택한 것으로 보입니다.

34

항소심에서의 인용 가능성

Q

남편이 음주운전 건으로 재판을 받다가 1심에서 법정구속이 되었습니다. 징역 10월을 선고받았다고 하더라고요. 저는 남편이 재판받고 있는 것은 알았지만, 남편이 큰 걱정하지 말라고 해서 정말 별일 없을 줄 알고 안심하고 있다가 선고일 당일 청천벽력 같은 소식을 듣게 되었습니다. 1심 재판을 담당했던 국선변호인을 통해 알아보니, 반성문 한 장, 탄원서 한 장 들어간 것이 전부라고 합니다. 부랴부랴 사선변호인을 선임해서 항소심을 진행하게 되었는데, 주변에 알아보니 항소한다고 해도 1심하고 똑같아질 가능성이 높다고 해서 큰 걱정입니다. 항소심에서 좋은 결과를 얻을 수 있는 방법이 있을까요?

A

질문자의 사안처럼 1심 재판을 가족이나 주변 사람들에게 알리지 않고 진행하다가 실형선고 등을 받고, 그제서야 분주하게 재판준비를 하는 경우가 종종 있습니다. 다행히 우리 형사사법시스템은 3심 제도를 운용하고 있고, 1심 판결에 대해서는 불복하여 항소심에서 구제받을 수 있는 여지가 있습니다. 그러나, 많은 사람들이 생각하는 것처럼 항소를 한다고 하여 무조건 1심에 비해 형이 줄어들거나 1심의 실형선고가 집행유예로 바뀌는 것은 아닙니다. 피고인만이 양형부당을 이유로 항소한 경우 불이익변경금지원칙에 따라 1심의 형보다 가중되지는 않겠지만, 1심과 비교하여 양형조건에 특별한 변화가 없는 경우에는 피고인의 항소가 기각될 가능성이 매우 높습니다.

우리 대법원도 "제1심과 비교하여 양형의 조건에 변화가 없고 제1심의 양형이 재량의 합리적인 범위를 벗어나지 아니하는 경우에는 이를 존중함이 타당하며, 제1심의 형량이 재량의 합리적인 범위 내에 속함에도 항소심의 견해와 다소 다르다는 이유만으로 제1심 판결을 파기하여 제1심과 별로 차이 없는 형을 선고하는 것은 자제함이 바람직하다."고 판시하고 있습니다. (대법원 2015. 7. 23, 선고 2015도3260 전원합의체 판결) 수많은 항소심 판결에서 위 대법원 판시 내용을 인용하며 항소기각 판결을 하고 있습니다.

따라서, 항소인용 판결을 받을 가능성을 높이기 위해서는 1심 재판에서 제출하지 않았던 양형자료나 주장하지 않았던 양형사유를 적극적으로 제출하거나 주장해야 합니다. 사안에서 만약 음주운전으로 피해를 입은 피해자가 있다면, 항소심에서는 피해자와의 합의에 주력해야 할 것으로 보입니다. 물론 합의가 되어 피해자로부터 합의 및 처벌불원서를 받는다고 하더라도 그것으로 충분한 것은 아니며, 재범의 위험성이 높지 않다는 점, 가정적, 사회적 유대관계가 뚜렷하다는 점, 조속한 사회복귀가 꼭 필요한 사정(가령, 사업체를 운영하는 피고인의 구속으로 가족과 직원들의 생계가 위협받고 있는 점) 등을 적극 강조하여 항소인용을 받을 수 있도록 해야 합니다.

35

상고이유

Q

제 지인이 감금 및 상해로 구속재판 중에 1심에서 징역 1년을 선고받았습니다. 이후 1심의 형이 과중하다고 하면서 항소하였고, 항소심에서 항소기각된 것으로 알고 있습니다. 그런데 얼마 전에 지인의 동생에게 물어보니, 대법원에 상고를 한다고 하네요. 제가 예전에 대학에서 교양과목으로 법학개론을 수강하면서 듣기로는 일정 형량 밑에 있는 죄에 대해서는 상고를 아예 할 수 없다고 배운 것 같습니다. 그렇다면 감금이나 상해가 상고할 수 있을 만큼 큰 죄인가 보죠?

A

질문자가 상고제도에 대해 많은 것을 알고 있는 것으로 보입니다. 하지만, 몇 가지 부분은 정확한 내용을 몰라서 약간의 오해가 있는 것 같습니다. 우선, 상고심에서는 일정 법정형 이상의 범죄에 대해서만 '사실오인'이나 '양형부당'을 이유로 상고할 수 있습니다. 즉, **법령위반(법리오해)을 이유로 한 상고는 법정형의 장단과 관계없이 가능**합니다. 따라서, 질문자께서는 지인이 양형부당을 이유로 1심에 불복하여 항소를 한 것으로 알고 있다고 하였는데, 실제는 양형부당뿐만 아니라 법령 위반을 이유로 항소를 했던 것일 수도 있습니다. 항소가 기각된 이후에 상고심에서도 마찬가지로 법령 위반을 상고이유로 하여 다투고 있는 것으로 보입니다.

그런데, 질문자가 지인의 동생으로부터 들은 대로 실제 양형부당을 이유로 상고했을 가능성도 있습니다. 10년 미만의 징역이나 금고가 선고된 사건에서의 양형부당은 원칙적으로 상고이유가 되지 않기 때문에 상고심에서 양형부당을 주장하는 경우에는 상고기각이 될 것이 거의 확실합니다. 그럼에도 불구하고, 간혹 형이 확정되는 것을 늦추기 위해 의도적으로 상고를 하는 사람들이 있습니다. 통상적으로는 미결수들의 구금시설인 구치소가 기결수들이 복역하는 교도소보다 시설 등에서 우월하다고 알려져 있습니다. 또한, 교정당국에서도 미결수에서 기결수로 바뀔 때 선고형의 잔여 형기가 얼마 남지 않은 경우 이감 등의 번거로운 절차를 생략하기 위해 교정 편의상 나머지 형을 구치소에서 살고 출소할 수 있도록 하기도 합니다. 질문자의 지인이 실제로 양형부당을 이유로 상고를 한 것이라면, 아마도 이런 혜택(?)을 노리고 형의 확정을 늦추기 위해 상고를 했을 것으로 보입니다.

36
국민참여재판 대상

Q

성폭력범죄로 재판을 받게 되었고, 얼마 전에 공소장을 받았습니다. 저 같은 경우는 국민참여재판 대상에 해당한다고 합니다. 그런데, 국민참여재판 대상이라고 해서 꼭 국민참여재판으로 재판을 진행해야 하는 것은 아니고 본인의 희망여부에 따라 결정된다고 들었습니다. 저에게 너무 중요한 문제이기 때문에 고민이 많이 되는 것이 사실입니다. 국민참여재판으로 받는 것이 저에게 유리할까요?

A

2007년 「국민의 형사재판 참여에 관한 법률」이 제정(시행 2008. 1. 1.)되었는데, 이 제도는 국민이 형사재판에 참여함으로써 사법의 민주적 정당성과 신뢰를 높이기 위한 목적으로 만들어졌습니다. 국민참여재판은 일반 국민들이 재판에 참여함으로써 서류 중심의 조서재판에서 벗어나 공판중심주의(재판의 증거자료를 공판정에 집중하여 공판정에서 형성된 심증만을 토대로 사안의 실체를 심판하는 원칙)를 실현하려는 취지를 가지고 있습니다.

국민참여재판의 대상은 법제정 당시에 비해 확장되었는데, 현재 참여재판의 대상은 형사 제1심 합의부 관할사건 및 이와 관련된 병합사건, 공범사건 등(미수죄·교사죄·방조죄·예비죄·음모죄)입니다.(법 제5조 제1항) 물론 국민참여재판 대상이라고 하더라도 피고인이 원하지 않으면 국민참여재판으로 진행하지 않습니다.(법 제5조 제2항) 국민참여재판의 배심원 숫자는 대상사건의 법정형에 따라 9명, 7명, 5명입니다.(법 제13조)

변론이 종결된 후, 심리에 관여한 배심원은 유·무죄에 관하여 평의하고, 전원의 의견이 일치하면 그에 따라 평결합니다.(법 제46조 제2항) 배심원이 유·무죄에 관하여 전원의 의견이 일치하지 아니하는 때에는 평결을 하기 전에 심리에 관여한 판사의 의견을 들은 뒤 다수결의 방법으로 유·무죄의 평결을 합니다.(법 제46조 제3항) 유죄평결을 하는 경우 배심원은 심리에 관여한 판사와 함께 양형에 관하여 토의하고 그에 관한 의견을 개진합니다.(법 제46조 제4항) 이와 같은 배심원의 평결과 (양형)의견은 법원을 기속하지 않습니다.(법 제46조 제5항)

통계상 국민참여재판으로 진행된 사건의 무죄율이 통상적인 재판절차에 비해 3배 이상 높은 것은 사실입니다. 그렇다고 일반적으로 국민참여재판으로 진행하는 것이 피고인에게 유리하다는 식으로 쉽게 생각해서는 안 됩니다. 사안의 성격, 증거관계, 여론의 동향 등에 따라 국민참여재판으로 진행하는 것이 유무죄 판단이나 양형 판단에 오히려 불리하게 작용할 가능성도 충분히 있기 때문입니다. 따라서, 질문에 대해서는 '유리하다'고 단정할 수는 없고, 사건에 대해 확인하고 검토한 뒤 결정해야 한다는 일반론적인 답변밖에 할 수 없을 것 같습니다.

37
배심원 선정 및 거부

Q

국민참여재판의 배심원으로 선정되었다는 통지를 받았습니다. TV나 영화에서나 보는 배심원으로 참여할 수 있다면 영광일 것 같은 생각은 듭니다. 하지만, 직장을 다녀 시간이 없기도 하고 제가 한 사람의 인생을 좌지우지할 수도 있는 자리에 앉는다는 것이 부담스럽기도 해서 가급적이면 배심원으로 참석하고 싶지 않습니다. 배심원 선정 통지를 받으면 꼭 참석을 해야 하는 것인가요? 제가 참여를 거부하면 과태료 같은 제재를 받을 수도 있나요?

A

형사재판의 배심원 자격과 결격사유, 제외사유 등은 「국민의 형사재판 참여에 관한 법률」 제16조~제18조에서 규정하고 있습니다. 우선, 배심원은 만 20세 이상의 대한민국 국민이어야 합니다. 배심원의 자격에는 결격사유가 상당히 많습니다. 피성년후견인 또는 피한정후견인, 파산선고를 받고 복권되지 않은 사람, 금고 이상의 실형을 선고받고 그 집행이 종료되거나 집행이 면제된 후 5년이 경과되지 아니한 사람 등은 배심원이 될 수 없습니다. 또한, 직업적인 이유로 배심원으로 선정될 수 없는 경우가 있습니다. 법 제18조는 직업 등에 따른 제외사유로 ① 대통령 ② 국회의원·지방자치단체의 장 및 지방의회의원 ③ 입법부·사법부·행정부·헌법재판소·중앙선거관리위원회·감사원의 정무직 공무원 ④ 법관·검사 ⑤ 변호사·법무사 ⑥ 법원·검찰 공무원 ⑦ 경찰·교정·보호관찰 공무원 ⑧ 군인·군무원·소방공무원 또는 「예비군법」에 따라 동원되거나 교육훈련 의무를 이행 중인 예비군을 규정해 놓고 있습니다.

뿐만 아니라, 사건의 이해당사자나 사건관계인(피해자, 피고인 또는 피해자의 친족이나 이러한 관계에 있었던 사람, 피고인 또는 피해자의 법정대리인, 사건에 관한 증인·감정인·피해자의 대리인, 사건에 관한 피고인의 대리인·변호인·보조인 등)도 배심원으로 선정될 수 없는 제척(除斥) 사유로 규정되어 있습니다. (법 제19조)

배심원은 지방법원장이 행정안전부장관에게 요청하면, 일정 숫자의 주민등록자료가 법원에 보내지고, 법원은 배심원후보예정자 명부 중에서 필요한 수의 배심원후보자를 무작위 추출해서

당첨된 사람에게 배심원 (및 예비배심원) 선정에 대한 통지를 하게 됩니다. 이후, 통지를 받은 사람은 앞서 살펴본 배심원 결격, 제외, 제척 사유에 해당하지 않는지 확인하기 위한 질문표 작성에 응해야 합니다.

배심원후보자 통지를 받은 사람은 선정기일에 출석해야 하며(법 제23조 제2항), **출석통지를 받은 배심원·예비배심원·배심원후보자가 정당한 사유 없이 지정된 일시에 출석하지 아니한 때에는 법원은 결정으로 200만 원 이하의 과태료를 부과할 수 있습니다.(법 제60조)** 결국, 배심원으로 선정되었다는 통지를 받게 되면, 위 배심원으로 선정될 수 없는 예외적인 사유에 해당하지 않는 한 배심원 선정을 위한 절차나 형사재판에 참석해야 하고, 이와 같은 의무를 다하지 않으면 과태료와 같은 제재를 부담할 수 있습니다. 다만, 법에 따라 배심원으로 재판에 참여한 경우 대법원 규칙에 의해 소정의 여비, 일당, 숙박비 등은 지급받을 수 있습니다.

제4부
기타 절차

01
성폭력치료 프로그램 이수방법

Q

성폭력 사건으로 재판을 받고 집행유예를 선고받았습니다. 교도소에 가지 않아도 되어서 정말 기쁩니다. 그런데, 판결문을 보니 성폭력치료 프로그램을 40시간 이수하라고 하네요. 집행유예도 엄청 중한 벌이라고 알고 있는데, 굳이 왜 성폭력치료 프로그램까지 받아야 하는 것인지 모르겠습니다. 그리고 제가 일을 하고 있어 바쁜데, 이런 교육을 주말에 받거나 여러 번 나눠서 받을 수는 없는지 궁금합니다.

A

형사사건 특히 성폭력범죄사건을 담당하는 검사나 판사의 입장에서는 "피고인이 다시 범죄를 저지르지 않을까?", "그래서 우리 공동체의 안전에 위협을 가하지 않을까?" 하는 부분이 가장 큰 관심사일 수밖에 없습니다. 집행유예 역시 명백한 유죄판결이고 결코 가벼운 형벌이라고 할 수는 없습니다. 그러나 사회 내에서 범죄자에 대한 형 집행이 이뤄지고 집행유예 기간을 도과하면 범죄자에게 특별한 제재가 없는 것이 사실이다 보니, 형벌의 위하력 측면이나 재범방지의 효과 측면에서 약하다고 볼 여지가 있습니다. 이에 재범방지 담보 등을 위해 집행유예를 선고하면서 부수형으로 성폭력치료 프로그램을 이수하도록 명하도록 하는 것이 「성폭력범죄의 처벌 등에 관한 특례법」상 성폭력치료 프로그램 이수명령제도입니다. 법에는 500시간의 범위 내에서 이수하도록 명하게 되어 있으나, 실무상으로는 20~80시간의 범위 내에서 수강명령을 부과하고 있습니다.

수강명령 40시간이 부과된 경우에는 1일 8시간씩 5일 동안 연속으로 교육을 받는 것이 원칙입니다. 직장문제 등으로 5일 연속으로 교육을 받을 수 없다면, 교육을 주관하는 보호관찰소에 재직증명서와 같은 자료로 소명을 한 뒤 분할교육을 받을 수 있습니다. 하지만, 40시간의 교육을 2~3시간씩 쪼개서 듣는 것은 허용되지 않습니다. 교육은 기본적으로 집합교육으로 진행되고, 보호관찰소 역시 관공서이기 때문에 평일에만 진행됩니다. 즉 아쉽게도 주말에는 교육을 받을 수 없습니다. 하지만, 최근 각 보호관찰소(준법지원센터)에서는 온라인 교육 등 다양한 프로그램을 개발 중에 있으니, 구체적인 프로그램 이수방법에 대해서는 보호관찰소에 문의하는 것이 가장 정확할 것으로 보입니다.

02
성범죄 부수처분

Q

취업준비 중인 아들이 성범죄로 경찰에서 조사를 받았습니다. 변호사 말로는 벌금으로 끝날 사안은 아니고 정식으로 재판을 받아야 한다고 하네요. 그리고 성범죄라 부수적인 처분도 많이 있을 것이니 그 점은 각오해야 한다고 했습니다. 취업제한 이런 것들을 말하는 것인가요? 아들이 20대 중반이고, 이제 막 사회에 진출하려고 하는데, 그런 처분을 받으면 너무 가혹할 것 같습니다. 성범죄 부수처분에 어떤 것들이 있나요?

A

성폭력범죄로 처벌을 받게 되면 신상정보등록, 취업제한, 성폭력 치료 프로그램 이수, 전자발찌로 알려져 있는 전자장치의 부착 등의 부수처분 역시 부과되는 경우가 많습니다. 부수처분은 성범죄로 유죄판결이 확정되면 법률에 의해 무조건 부과되는 것도 있고, 검사의 청구 및 판사의 결정에 의해 부과되는 것들도 있습니다. 이러한 부수처분은 주로 「성폭력범죄의 처벌 등에 관한 특례법」과 「아동청소년의 성보호에 관한 법률」에 규정되어 있습니다. 각 부수처분을 차례대로 살펴보도록 하겠습니다.

첫째, 신상정보등록입니다. 관할 경찰서에 성명, 주민등록번호, 주소 및 실제 거주지, 직업 및 직장 등 소재지, 연락처, 신체정보, 소유차량 등 신상정보를 등록해야 합니다. 등록기간은 범죄에 따라 차등적으로 규정되어 있는데, 최소 10년이라고 보면 됩니다. 성범죄로 처벌받는 경우라면 벌금 100만 원과 같이 비교적 경미한 사안이라도 최소 10년은 자신의 신상정보를 등록하여 관리를 받아야 하는 것입니다. (「성폭력범죄의 처벌 등에 관한 특례법」 제44조~제45조)

둘째, 취업제한은 말 그대로 일정 기간 취업을 하지 못하도록 제한을 가하는 것입니다. 모든 기관이나 회사에 대한 취업이 금지되는 것은 아니라 어린이집, 유치원 및 초등학교 등 각급 학교와 같은 아동, 청소년 교육기관, 의원, 조산원, 병원 등 의료기관, 주택법상 공동주택의 관리사무소에서 경비 업무를 담당하는 업체 등 일정 기관에 취업하지 못하는 것입니다. (「아동·청소년의 성보호에 관한 법률」 제56조)

셋째, 성폭력치료 프로그램 이수명령은 성범죄 예방에 필요한 교육을 500시간의 범위 내에서 이수하도록 명하는 제도입니다. 이는, 검사청구와 무관하게 법원이 결정하고, 원칙은 이수명령 부과가 의무이나 예외로 법원이 면제하는 것은 가능하다는 것이 특징입니다. 실무상으로는 거의 대부분의 성범죄 선고 시 20~80시간의 범위 내에서 수강명령을 부과하고 있습니다.(「성폭력범죄의 처벌 등에 관한 특례법」 제16조 제2항)

넷째, 전자장치 부착은 전자발찌로 알려진 전자장치를 신체에 부착하는 것을 의미합니다. 「전자장치 부착 등에 관한 법률」 제5조 제1항에서 전자장치 부착의 요건이나 절차에 대해 규정하고 있습니다. 즉 검사는 ① 성폭력범죄로 징역형의 실형을 선고받은 사람이 그 집행을 종료한 후 또는 집행이 면제된 후 10년 이내에 성폭력범죄를 저지른 때 ② 성폭력범죄로 이 법에 따른 전자장치를 부착받은 전력이 있는 사람이 다시 성폭력범죄를 저지른 때 ③ 성폭력범죄를 2회 이상 범하여(유죄의 확정판결을 받은 경우를 포함) 그 습벽이 인정된 때 ④ 19세 미만의 사람에 대하여 성폭력범죄를 저지른 때 ⑤ 신체적 또는 정신적 장애가 있는 사람에 대하여 성폭력범죄를 저지른 때 피고인에게 재범의 위험성이 높다고 판단하면 법원에 전자장치 부착명령을 청구할 수 있습니다. 검사의 청구에 의해 판사가 전자장치 부착명령 여부를 결정하게 되는 것입니다.

03
범죄자 신상정보, 얼굴 등 공개

Q

이어서 질문을 드립니다. 신상정보등록을 하게 된다는 것이, 누구나 검색해서 볼 수 있다는 뜻은 아니지요? 그리고 뉴스에서 보는 것처럼 언론에 공개되고 이런 것은 아니겠지요? 마지막으로 얼굴까지 공개하고 이런 것은 어떤 경우에 가능한 것인가요?

A

실제로 성범죄로 처벌받을 상황에 있거나 형이 확정된 사람들이 자주 문의하는 내용이 성범죄자로 처벌받으면 신상공개가 되냐는 것입니다. 결론부터 말씀드리면, 신상정보등록 대상이라고 하여 모두 신상정보가 공개되는 것은 아닙니다. 즉 판사가 범죄의 중대성이나 재범 위험성, 신상정보의 공개로 인해 대상 범죄자가 입게 될 불이익 등을 종합적으로 고려하여 판결로 공개를 명하는 경우에만 신상정보가 공개되는 것입니다. 신상정보가 공개되는 성범죄자의 경우에는 '성범죄자 알림e' 홈페이지나 휴대전화 애플리케이션을 통해 이름, 거주지역, 각급 학교 1km 이내 등 조건으로 검색하여 확인이 가능합니다. 또한, 19세 미만의 아동청소년 보호 세대주는 여성가족부에서 제공하는 성범죄자에 대한 정보가 담긴 '통지'를 우편 등 방법으로 받을 수 있습니다.(아동청소년성보호에관한법률 제51조)

한편, 이와 같은 신상정보 공개와 다른 것이 검사나 사법경찰관에 의한 피의자의 얼굴 등 신상정보 공개입니다. 「성폭력범죄의 처벌 등에 관한 특례법」 제25조 제1항에서는 "검사와 사법경찰관은 성폭력범죄의 피의자가 죄를 범하였다고 믿을 만한 충분한 증거가 있고, 국민의 알 권리 보장, 피의자의 재범방지 및 범죄예방 등 오로지 공공의 이익을 위하여 필요할 때에는 **얼굴, 성명 및 나이 등 피의자의 신상에 관한 정보를 공개할 수 있다.** 다만, 피의자가 「청소년 보호법」 제2조 제1호의 청소년에 해당하는 경우에는 공개하지 아니한다."라고 규정하고 있습니다. 즉 범죄행위의 중대성, 범죄사실의 소명, 공익적 필요 등을 요건으로 하여 일정한 경우 개인의 프라이버시, 인격권보다 우월하다고 판단되는 법익을 우선시킨 것입니다. 최근 세상을 떠들썩하게 했던 N번방 사건 등 디지털 성범죄자들이 이 규정에 의거 얼굴, 이름, 나이 등이 대중에 공개된 것이 대표적인 예라고 할 수 있습니다.

04
벌금의 분할납부, 납부연기

Q

공무집행방해죄로 재판을 받고 벌금 1,000만 원을 선고받았습니다. 그런데, 원래 가정형편이 어려운 데다가 어떻게든 중형을 면해보려고 변호사까지 선임해서 재판을 진행하는 바람에 지금 경제적으로 매우 좋지 않은 상태입니다. 1,000만 원은 적은 돈이 아니라 이를 당장 납부할 수는 없을 것 같은데, 어떻게 방법이 없을까요?

A

종래에는 법원으로부터 벌금형 선고를 받으면, 벌금 납부는 일시불로만 해야 했고, 납부를 연기하는 것도 인정되지 않았습니다. 그러나 벌금을 납부하지 못하면 노역장 유치를 해야 하는데, 벌금을 고의로 납부하려는 것이 아니라 경제적 형편이 어려워 벌금

납부를 하지 못하는 사람들에게 일률적으로 노역장 유치를 집행하는 것은 가혹하다는 비판이 있었습니다. 이러한 점들을 반영하여 최근 벌금의 분납 및 납부연기가 가능하도록 법이 개정되었습니다.

하지만, 벌금 분납이나 납부연기가 무조건 가능한 것은 아니고, 일정 사유가 있거나 일정 요건을 충족해야 합니다. **법령에서 규정하고 있는 사유로는 장애인, 본인 외에는 가족을 부양할 사람이 없는 사람, 불의의 재난으로 피해를 당한 사람** 등입니다. 벌금 분납이나 납부연기를 신청하려면 검찰청 민원실을 방문하여 민원실에 비치되어 있는 '벌금분할납부 신청서' 또는 '벌금납부연기 신청서'를 제출해야 합니다.

이러한 신청이 있으면 담당검사는 **벌금 분할납부나 납부연기에 대해 허가여부를 결정**하게 되는데, ① **경제적 능력** ② **벌금액수** ③ **분납 또는 납부연기 시 이행의 가능성** ④ **노역장 유치집행의 타당성 등을 고려**합니다. 일부 납부 또는 납부연기 기한은 6개월 이내로 하되, 3개월 범위 내에서 연장이 가능합니다. 정당한 사유 없이 2회에 걸쳐 허가 내용을 불이행하면 분할납부나 납부연기가 취소될 수 있습니다. 벌금을 비롯한 형(刑)의 집행업무는 검찰청 소관이기 때문에, 검찰청 민원실에 문의하면 이에 대하여 상세한 안내를 받을 수 있습니다.

05
벌금 수배

Q

개인사업자로 배관일을 하고 있는 사람입니다. 어느 날 늦은 밤 동료로부터 연락이 와서, 검찰청 상황실에 있다면서 벌금 100만 원을 못 내서 벌금 수배자로 잡혀 있다고 했습니다. 검찰청이라고 하길래 처음에는 보이스피싱인지 알았습니다. 동료 목소리를 듣고 비로소 안심을 하고 통화를 하게 되었는데요. 어쨌든 저는 동료가 벌금 수배자로 잡혀 있다고 하면서 도와달라고 하길래, 검찰청에 가서 동료에게 현금으로 80만 원 주고 본인 돈하고 합쳐서 벌금 납부하는 것을 도와준 다음에 동료를 데리고 나왔습니다. 제가 잘한 일이겠죠?

A

보통 약식명령문이나 판결문을 보면, 벌금액수 및 벌금을 납부하지 않는 경우 금 100,000원을 1일로 환산한 기간 노역장에 유치한다는 취지가 적혀 있습니다. 따라서, 벌금 100만 원을 선고받은 질문자의 지인은 벌금을 납부하지 못한 경우에는 10일을 구치소에서 복역해야 합니다. 흔히 "형벌을 몸으로 때운다."고 하는 이야기와 같은 맥락으로 이해할 수 있습니다.

그러나, 주의해야 할 점은 벌금형을 선고받은 사건에서 피해자가 있는 경우라면 국가에 벌금을 내든 벌금을 납부하지 못해 노역장 유치를 하든 형사책임을 부담하는 것으로, 그 피해자에 대한 민사책임까지 면제되는 것은 아니라는 점입니다. 따라서 만약 피해자가 벌금선고를 받은 가해자를 상대로 손해배상청구와 같은 민사소송을 제기하는 경우 해당 청구는 인용될 가능성이 매우 높고, 그 금액의 많고 적음을 떠나 가해자는 피해자에게 금전으로 배상해야 할 의무를 부담하게 됩니다. 간혹 앞에서 말한 "몸으로 때운다."는 말의 의미를 오해하여 교도소에서 형벌을 살고 나오면 민사책임은 면제되는 것으로 착각하는 분들이 있습니다. 또 벌금을 냈으니 사건이 또는 사건 피해자와의 관계가 다 끝났다고 생각하는 사람들도 있습니다. 이는 모두 잘못된 생각이며, 형벌집행과는 별개로 피해자에게는 여전히 민사책임을 부담해야 합니다.

06
가석방제도

Q

제 아들이 성범죄로 징역 5년을 선고받고 교도소에서 복역 중입니다. 형기를 절반 정도 채운 것 같습니다. 그런데, 수형자 가족을 둔 사람들끼리 정보를 교환하는 커뮤니티에서, 형을 살다가 일정 요건이 되면 가석방을 받을 수 있다고 들었습니다. 아무리 못난 자식이라도 품고 싶은 것이 부모 마음인지라, 방법만 있다면 가석방을 받아 아들을 빨리 빼내고 싶습니다. 가석방을 받으려면 어떻게 해야 하는지 궁금합니다. 법원이나 교도소에 가석방을 신청해야 하나요?

A

가석방이란 자유형의 집행을 받고 있는 자가 "행상(行狀)이 양호하여 뉘우침이 뚜렷한 경우"에 일정한 조건 하에서 형기만료 전에 석방하는 행정처분을 의미합니다. (형법 제72조) 가석방에 의해 석방된 자가 이후 가석방 조건을 위반하여 가석방 처분이 취소되거나 실효됨이 없이 가석방 기간을 지나게 되면 형의 집행을 종료한 것으로 간주하게 됩니다. (형법 제76조 제1항) 가석방은 수형자가 충분히 반성하고 있어서 형기종료 전 사회로 복귀해도 재범의 우려가 없다고 판단되는 경우, 남은 형기의 집행을 유예함으로써 수형자의 사회복귀를 돕고, 수형자의 자발적이고 적극적인 개선의지를 촉진하고자 하는 제도로 이해됩니다.

많은 사람들이 질문자처럼 얼마나 교도소에서 형을 살아야 가석방 대상이 될 수 있는지, 또 어떻게 신청해야 하는지 궁금해 할 것입니다. 우선, 형법 제72조 제1항에서는 성인수형자에 대해 "징역 또는 금고의 집행 중에 있는 자가 무기의 경우 20년, 유기의 경우 형기의 3분의 1을 경과한 후에 가석방을 할 수 있다."는 취지로 규정하고 있습니다.[32] 이 경우에 형기는 선고형을 의미하며, 사면 등을 통해 감형된 때에는 감형된 형이 기준이 됩니다.

한편 많은 사람들이 오해하는 내용이 있는데, 가석방은 수형자나 그 가족 또는 변호사가 신청할 수 있는 것이 아닙니다. 교도소 측에서 가석방 대상자를 선정하고 교도소장이 가석방을 신청

---

32 소년수형자에 대해서는 소년법 제65조에 가석방 요건 규정을 두고 있는데, 징역 또는 금고의 선고를 받은 소년은 무기형의 경우에는 5년, 15년 유기형의 경우에는 3년, 부정기형에는 단기의 3분의 1이 경과하면 가석방을 허가할 수 있도록 정해 놓았습니다.

하면 심사위원회에서 심사를 한 후 법무부장관이 가석방 허가를 하는 방식으로 진행되고, 수형자나 그 가족 또는 변호사는 제한된 범위 내에서 의견을 피력할 수 있을 뿐입니다. 따라서, 현실적으로는 질문자의 아들에게 교도소 생활을 충실히 하라고 독려하는 방법밖에 없어 보입니다.

마지막으로, 가석방 처분을 받는 경우 그 기간은 무기형의 경우는 10년으로 하고, 유기형의 경우는 남은 형기로 하되 그 기간은 10년을 초과할 수 없도록 규정되어 있습니다. (형법 제73조의2 제1항)

07
집행유예의 취소

Q

폭력범죄로 징역 1년 6월에 집행유예 2년을 선고받고 같은 기간 보호관찰을 받게 되었습니다. 판사님이 기회를 주신 것으로 생각하고, 감사하는 마음으로 한동안 보호관찰관의 지시사항을 잘 이행해왔습니다. 그러던 중 개인적인 사정이 생겨서 보호관찰관과 연락도 잘 못하고, 주소 변경된 사실을 알리지 못했습니다. 시간이 흘러 우연히 보호관찰관의 신청에 의해 검사가 집행유예 취소를 청구하였다는 사실을 알게 되었습니다. 보호관찰관의 이행명령 등을 위반하였다고 하여 집행유예가 취소되게 생겼습니다. 저는 어떻게 해야 하나요?

A

우리 **형법 제64조 제2항**은 "제62조의2의 규정에 의하여 **보호관**

찰이나 사회봉사 또는 수강을 명한 집행유예를 받은 자가 준수사항이나 명령을 위반하고 그 정도가 무거운 때에는 집행유예의 선고를 취소할 수 있다."고 규정하고 있습니다. 따라서, 준수사항이나 명령을 위반하였다고 하여 무조건 집행유예가 취소되는 것은 아닙니다. 집행유예의 취소절차에 대해서는 우리 형사소송법 제 제335조에 규정이 있습니다. 즉 제1항에서 "형의 집행유예를 취소할 경우에는 검사는 피고인의 현재지 또는 최후의 거주지를 관할하는 법원에 청구하여야 한다."고 규정하고 있고, 같은 조 2항에서는 "전항의 청구를 받은 법원은 피고인 또는 그 대리인의 의견을 물은 후에 결정을 하여야 한다."고 규정하고 있습니다. 어쨌든 집행유예가 취소된다는 것은 종전에 선고받은 징역형을 교도소에서 복역해야 한다는 의미입니다.

결국, 질문자는 검사의 집행유예 취소청구에 적극적으로 대응해야 합니다. 준수사항을 잘 따르지 않은 것은 분명 질문자의 잘못이지만, 앞의 집행유예 및 보호관찰 기간 대부분 준수사항이나 지시사항을 충실히 이행해온 점을 고려하면, 집행유예를 취소하여 실형을 살게 하는 것은 가혹한 면이 있다는 점을 강조해야 할 것입니다. 준수사항이나 보호관찰관의 지시사항을 지키지 못한 데에 특별한 이유가 있는 경우에는 그런 사정 역시 재판부에 호소할 필요가 있습니다. 검사의 집행유예 취소청구가 있는 경우, 통상 법원은 한 차례 정도 심리를 열어서 검사와 피고인의 의견을 들은 후 집행유예 취소여부에 대한 결정을 하게 됩니다. 만약 검사의 집행유예 취소청구가 인용되면, 이에 대해서는 즉시항고라는 절차를 이용하여 불복할 수 있습니다. (법 제335조 제3항)

담당했던 사례 중에는 집행유예 취소결정에 대한 즉시항고절차에서 "(전략) 피고인의 보호관찰명령 준수사항 위반의 정도가 피고인에 대한 보호관찰명령의 목적을 도저히 달성할 수 없을 정도에 이르렀다고 보기는 어렵다."라는 판시로 검사의 집행유예 취소청구를 인용하였던 원심 결정을 뒤집는 결정을 받아내 의뢰인의 석방을 도운 예도 있었습니다.

08
집행유예의 실효

Q

공무집행방해, 상해로 재판받던 중 2021년 4월에 징역 1년 2월에 집행유예 3년을 선고받고 판결이 확정되었습니다. 그런데, 판결 확정 후 얼마 뒤인 2021년 9월에 술을 마시고 귀가하던 중 몇 명과 시비가 붙어 이 사건으로 다시 재판을 받게 되었습니다. 죄명은 상해라고 하는 것 같습니다. 경찰에서 조사를 받을 때 경찰관이 저에게 전에 집행유예를 받은 것 때문에 걱정이 된다는 식으로 이야기하더라고요. 저는 이제 어떻게 되는 것인가요?

A

결론부터 이야기하면, 현재 예전에 선고받은 징역 1년 2월의 형을 살아야 하는 위기에 처해 있는 것은 부인할 수 없는 사실입니다. 우리 형법에서는 제63조에서 "집행유예의 선고를 받은 자가

유예기간 중 고의로 범한 죄로 금고 이상의 실형을 선고받아 그 판결이 확정된 때에는 집행유예의 선고는 효력을 잃는다."고 하여 **집행유예의 실효**에 대해 규정하고 있습니다. 집행유예의 실효는 집행유예의 취소와는 달리 일정 사유가 발생하면 무조건 집행유예가 취소되고 집행유예 선고 시 내렸던 징역형만큼을 다시 살게 되는 것입니다.

따라서, 집행유예 기간이 만료되기 전에 새로운 범죄로 재판을 받고 확정까지 되면 집행유예가 실효되어 종전에 선고받은 징역 1년 2월 역시 복역해야 하는 것입니다. 그렇기 때문에, 이와 같은 집행유예의 실효를 막기 위해서는 지금 재판 중인 사건에서 벌금형을 선고받아(다행히 형법 제257조 제1항에서 상해죄의 형벌로 벌금형이 규정되어 있습니다.) 집행유예의 실효 규정이 적용되는 것을 저지해야 합니다. 만약 아직 합의가 이루어지지 않은 상태라고 하면, 합의를 위해 적극적으로 노력해야 합니다.

특히 질문자와 싸운 상대방이 여러 명이라면 상대방도 「폭력행위등 처벌에 관한 법률」 위반으로 입건되어 수사 및 재판이 진행되고 있을 가능성이 높고, 위 폭처법상 공동폭행죄, 공동상해죄의 법정형은 형법상 단순폭행이나 상해에 비해 1/2을 가중하는 등 처벌이 가볍지 않으므로 합의하려고 적극적인 모습을 보일 가능성도 있습니다. 집행유예의 실효에 관한 법 규정상 "유예기간을 도과하여 금고 이상의 실형을 선고받아 판결 확정이 되는 경우"에는 집행유예의 실효를 면할 수 있기는 합니다. 이 때문에 집행유예 기간 중에 범행을 저질러 집행유예가 실효될 위기에 놓인 많은 사람들이 유예기간을 넘겨 판결 확정을 받으려고 고의로 재판을 지연하거나 기각될 것이 명백한 상소를 진행하기도 합니다. 그런데, 질문자의 사안은 집행유예 기간이 많이 남아 있어 재판을 늦추는 것은 한계가 있을 것으로 보이고, 앞서 말씀드린 것처럼 합의에 주력하여 벌금형 선처를 받는 방향으로 전략을 세워야 할 것으로 보입니다.

09
미결수, 기결수

Q

하나뿐인 아들이 성범죄를 저질러 구속되고 1심, 항소심, 상고심까지 거쳐 형이 확정이 되었습니다. 형이 확정되면 미결수에서 기결수로 신분이 바뀐다고 하더라고요. 저희 아들은 앞으로 어떻게 되는 것인가요?

A

말씀하신 대로 아직 형이 확정되지 않은 피고인을 미결수라 부르고, 형이 확정되면 그때부터는 기결수의 신분이 됩니다. 형이 확정되기 전 구속 상태에서 재판을 받는 피고인은 미결수로서 구치소에 수감되고, 재판이 끝나고 형이 확정되면 기결수가 되어 교도소에 수감됩니다. 이때 기결수는 등급분류 심사를 받게 되는데, 죄질, 범죄경력, 기결수의 개인적 특성 등에 따라 다섯 개의 등급으로 나눠서 분류됩니다. 비교적 죄질이 가벼운 경우 1급으로 분류되고, 죄질이 나빠질수록 등급이 올라가서 극히 흉악스럽고 교화를 기대하기 매우 어렵다고 판단되는 재소자는 5급으로 분류됩니다. 여기서 분류되는 등급에 따라 기결수가 가게 되는 교도소도 달라집니다. 구치소의 경우 피고인이 재판받는 관할 법원, 검찰에 대응하는 구치소에 수감되는 것(가령 서울북부지방법원, 서울동부지방법원에서 재판받는 피고인은 서울동부구치소에 수감되고, 서울중앙지방법원에서 재판받는 피고인은 서울구치소에 수감됨)이 일반적이지만, 기결수는 그와 같은 지역적 문제가 아니라 자신이 받은 등급에 따라 그에 대응하는 교도소에 수감되는 것입니다. 참고로 조직범죄, 마약범죄 등 기결수는 계보 간 연계차단 등의 이유를 들어 비연고지 교도소에 이송시키기도 합니다.

미결수 신분일 때에 구치소에 수감되어 있었던 기간은 실형을 선고받는 경우 형기에 산입됩니다. 예를 들어, 징역 1년형이 확정된 기결수가 미결수 신분일 때 구치소에 2개월 수감되어 있었다고 한다면 교도소에서는 10개월만 지낸 후에 석방되는 것입니다. 기결수가 되면 미결수일 때와는 처우에서 많은 차이가 있게 됩니다. 가장 대표적인 차이가 노역의 부과여부인데, 기결수는 원칙적으로 교도소 내에서 노역을 해야 합니다. 그 밖에 전화, 접견, 운동, 종교행사 등 개별적 처우에서도 차이가 있습니다.

10
공무원의 성범죄 형사처벌 시 불이익

Q

저는 국가직 공무원인데, 직장동료들과 회식 후 해서는 안 될 실수를 하고 말았습니다. 성범죄를 저질러서 현재 수사 중에 있습니다. 저는 이제 공무원직을 유지할 수 없게 되는 것인가요?

A

국가공무원법은 제33조 6의3호에서 "「성폭력범죄의 처벌 등에 관한 특례법」제2조에 규정된 죄를 범한 사람으로서 100만 원 이상의 벌금형을 선고받고 그 형이 확정된 후 3년이 지나지 아니한 사람"을 결격사유로 규정하고 있습니다. 또한, 같은 법 제69조에 따라 공무원의 당연퇴직, 즉 이른바 공직퇴출 사유에 해당하게 됩니다.

질문자가 '성범죄'라고 표현을 하였는데, 사실 성폭력처벌법 제2조에 규정되어 있는 성폭력범죄의 범위는 매우 광범위하기 때문에 어지간한 성범죄로 기소되었다면 직(職)을 상실할 각오를 해야 합니다. 또한, 성폭력범죄로 기소되었을 때 100만 원 미만의 벌금으로 그치는 경우는 드물기 때문에, 현재 질문자는 공무원직을 잃어버릴 위기에 있는 것은 사실입니다. 참고로 지방공무원법에도 국가공무원법과 대동소이한 내용의 규정이 있습니다.(법 제31조) 따라서, 공무원직을 유지하기 위해서는 피해자와 합의하려고 노력하는 한편, 장기간 국민과 국가를 위해 봉사해온 점 등을 어필하여 수사 단계에서는 기소유예 처분, 재판 단계에서는 100만 원 미만의 벌금형을 받기 위해 적극적인 변론활동을 해야 할 것으로 보입니다.

참고로, 성범죄와 관련하여 경비원을 비롯한 보안업체 직원에 대해서는 공무원보다 더 엄격한 기준을 적용하고 있습니다. 경비업법 제10조 제1항을 보면 "일정 성범죄를 범하여 벌금형을 선고받은 날부터 10년이 지나지 아니하거나 금고 이상의 형을 선고받고 그 집행이 종료된(종료된 것으로 보는 경우 포함) 날 또는 집행이 유예·면제된 날부터 10년이 지나지 아니한 자"를 경비지도사나 일반 경비원의 결격사유로 규정하고 있습니다. 이를 보면 공무원의 경우보다도 결격사유가 되는 금액(벌금 100만 원 v. 벌금)이나 기간(3년 v. 10년)이 더 엄격한 것을 확인할 수 있습니다. 다만 결격사유가 되는 성폭력범죄의 범위는 공무원의 경우가 더 넓기는 합니다. 아무래도 사람들의 직접적인 안전을 책임지는 보안 업무를 담당하는 사람들이다 보니, 결격사유나 기간을 매우 엄격하게 규정하고 있는 것으로 보입니다.

한편 질문하신 분은 형사책임과는 별개로 징계책임을 부담할 수 있습니다. 범행수법이나 죄질, 범행 후의 정황 등에 따라 파면, 해임, 정직, 감봉, 견책 등 다양한 징계처분이 가능합니다. 카메라등이용촬영이나 강간, 강제추행 같은 경우는 파면, 해임, 정직 징계처분을, 공연음란 같은 경우는 정직, 감봉, 견책과 같은 징계처분을 받을 수 있습니다. 상식적인 이야기이지만, 법정형이 높은 성범죄를 저지르거나 죄질이 좋지 않은 경우에는 공무원직을 상실하는 파면이나 해임을 피하기는 어려울 것으로 보입니다.

11
공소장 및 불기소장에 기재할 죄명에 관한 예규

Q

여자친구와 성관계 후 여자친구의 신체 일부를 핸드폰 카메라 기능을 이용하여 촬영했습니다. 경찰에서 조사를 받으면서 혐의를 인정했고, 얼마 뒤에 사건이 검찰로 송치되었다는 통지서를 받았습니다. 그런데, 경찰에 보낸 통지서를 보니 제 죄명이 '카메라등이용촬영·반포'라고 되어 있습니다. 제가 잘못한 부분에 대해 인정하고 달게 처벌을 받을 생각이기는 하지만, 저는 촬영만 했을 뿐 다른 사람에게 유포하거나 반포하지는 않았는데, 경찰이 작성한 서류에 반포라고 적혀 있으니 더 중하게 처벌되는 것은 아닌지 걱정되고 심장이 두근거립니다.

질문자 입장에서는 충분히 놀라거나 당황할 수 있는 상황으로 보입니다. 하지만, 이는 오해에서 비롯된 것이니 안심해도 될 것 같습니다. 즉, 대검찰청에서 제정한 「공소장 및 불기소장에 기재할 죄명에 관한 예규」라는 것이 있는데, 2019년까지는 '카메라등이용촬영'이라고만 되어 있었으나, 2020년 위 예규의 개정으로 제14조 제1항에서 제3항까지는 모두 성폭력범죄의처벌등에관한특례법위반(카메라등이용촬영·반포등)으로 표기하는 것으로 개정되었습니다. 따라서, 질문자처럼 촬영행위로만 수사나 재판 중이어도 공소장 등에는 '카메라등이용촬영·반포등'으로 기재하게 된 것입니다. 한 가지 예를 더 들면, 의뢰인 중 한 분이 자신이 허위사실적시 명예훼손으로 고소한 사건에서 경찰이 보낸 통지서에 '명예훼손'으로만 기재가 되어 있다면서 다급한 목소리로 전화한 적이 있었는데요. 마찬가지로 위 예규를 보면 사실적시 명예훼손이든, 허위사실적시 명예훼손이든 공소장, 불기소장 등에 죄명을 '명예훼손'으로 기재하는 것으로 규정되어 있습니다.

사실 위 예규는 수사기관 종사자나 법관 등 법조인이 작성하는 서면에 적용하거나 참고하는 것이기 때문에, 일반인들은 몰라도 크게 상관 없는 행정규칙입니다. 그래도 관심이 있다면 법제처 국가법령정보센터 홈페이지에 들어가, '행정규칙'으로 위 예규 이름을 입력하고 확인해보시면 해당 예규의 내용을 볼 수 있습니다. 형법, 군형법 그리고 「특정범죄 가중처벌 등에 관한 법률」 등 각종 특별법이 적용되는 범죄의 표기방법에 대해 상세히 규정해 놓고 있습니다.

12
본인의 전과기록 확인방법

Q

음주운전으로 몇 번 처벌받은 적이 있는데, 최근에 또 한 번 음주운전을 하게 되었습니다. 음주운전 처벌이 강화되었다고 해서 걱정이 많이 되어서, 이번에는 수사와 재판 준비를 철저하게 하려고 합니다. 그런데, 오래전 일이기도 하고, 다 비슷했던 것 같기도 하고, 전에 제가 어떤 것들로 처벌을 어떻게 받았는지 기억이 잘 안 납니다. 제 전과기록을 확인할 수 있는 방법은 없나요?

A

우선 음주운전 수사와 재판을 철저하게 대비하기 위해서 본인의 전과기록을 확인하는 등의 노력을 하는 자세는 바람직해 보입니다. 피고인이나 변호인은 검사의 기소 후 사건기록이 법원으로 넘어간 뒤에 소송기록을 열람·등사하여 검사가 제출한 증거목록과 증거를 확인할 수 있습니다. 보통 검사가 법원에 제출한 증거에는 피고인의 범죄경력 조회서가 첨부되어 있는데, 피고인 본인이나 변호인은 이 범죄경력 조회서를 통해 피고인의 범죄전력을 확실하게 파악할 수 있습니다.

그때까지 기다리기가 어렵고 당장 본인의 전과기록을 확인하고 싶다면, 경찰청이나 검찰청 민원실을 방문하여 신분증을 제시하고 본인의 전과기록 내역을 발급받을 수 있습니다. 또, 최근에는 온라인을 통해서도 본인의 전과기록을 조회하는 것이 가능해졌습니다. 포털 사이트에서 '범죄경력회보서 발급시스템'을 검색하여 간단한 인증절차를 거친 뒤 본인의 전과기록을 확인할 수 있습니다.

13
불변기간

Q

1심에서 업무방해 및 사기로 징역 1년에 집행유예 2년을 선고받았습니다. 검사가 항소를 하기에 저도 같이 항소를 하였고, 1심에서는 변호사를 선임하였지만 변호사 비용을 마련할 수가 없어 항소심은 변호사 없이 저 혼자 진행하기로 했습니다. 그런데 바쁘게 살다 보니 항소이유서를 제출하는 기간을 넘겨버렸습니다. 전에 민사소송을 한 적이 있는데, 그때는 판사님이 제가 항소이유서 제출기한을 못 지켜서 발동동 구르니 며칠 더 연장해주었던 것으로 기억하는데요, 어떻게 구제받을 방법이 없을까요?

A

상소기간, 약식명령에 대한 불복기간 등은 법에 정해져 있는 기간 내에만 하여야 하는 불변기간에 해당합니다. 항소이유서 제출기간 역시 불변기간입니다. 우리 형사소송법은 **"소송기록 접수통지 후 20일 이내에 항소이유서를 항소법원에 제출해야 함"**을 규정하고 있습니다.(형소법 제361조의3 제1항) 위 기간을 준수하지 않으면 항소기각 결정을 받게 됩니다. 민사소송의 경우 항소이유서 제출기간이 불변기간으로 규정되어 있지 않기 때문에, 제출기간을 넘겼다고 하더라도 바로 항소가 기각되는 것이 아니라 판사님이 재량으로 기간을 더 허락해주신 것입니다.

참고로, 변호인이 선임되어 있는 경우에 피고인, 변호인 중 먼저 소송기록 접수통지가 된 사람을 기준으로 하여 항소이유서 제출기간을 계산합니다. 따라서, 피고인에게 먼저 항소기록 접수통지가 된 뒤 변호인에게 항소기록 접수통지가 된 경우나, 그 반대의 경우 모두 먼저 소송기록 접수 통지가 된 사람을 기준으로 통지 후 20일 이내에 항소이유서를 제출해야 합니다. 간혹 이를 간과하고 항소이유서 제출기간을 도과하여 낭패를 보는 사례를 접하기도 합니다. 어쨌든, 안타깝게도 질문자의 경우 현행 제도상으로는 구제받을 방법은 없는 것으로 보입니다.

14
피의자 또는 피고인의 도망

Q

판결선고를 받으면서 판사님이 법정구속을 명하자 선고를 들은 피고인이 도망갔다는 이야기를 뉴스에서 접한 적이 있습니다. 이처럼 피의자나 피고인이 도망가는 경우가 흔히 있나요?

A

불구속 재판을 받는 피고인의 경우 중형선고가 예상된다는 등의 이유로 재판에 불출석하는 경우가 종종 있습니다. 이와 같은 불출석 피고인의 경우에는 법원에서 구속영장을 발부합니다.(형사소송법 제68조~76조) 어떤 경위로든 피고인의 소재가 확인되면 위 구속영장 집행에 따라 피고인은 구금되어 출석이 강제됩니다. 그런데, 질문자가 말씀하신 것과 같은 사례, 즉 선고를 듣고 도주하는 경우는 흔히 발생하는 일은 아닙니다. 하지만, 간혹 지나친 두려움과 공포심으로 인해 현명하지 않은 선택을 하는 경우도 있습니다. 선고를 듣고 도주하는 행동 자체를 처벌하는 규정은 없지만, 순간의 구금을 면할 수 있을지는 몰라도 언젠가는 수사기관에 잡힐 가능성이 높은데, 도주를 감행하는 것은 현명한 판단이 아닙니다.

한편 체포나 구속 상태에 있는 피의자가 도망 또는 도주하는 경우는 위의 사례보다는 자주 일어나는 편입니다. 체포나 구속된 상태에서 조사를 받던 중 수갑을 찬 채 또는 수갑을 풀고 도망갔다가 결국 잡혔다는 기사를 종종 접할 수 있는데요.[33] 이런 행동은 형법상 도주죄에 해당하게 됩니다. 형법 제145조에서는 "법률에 따라 체포되거나 구금된 자가 도주한 경우에는 1년 이하의 징역에 처한다."고 하여 도주죄에 대해 규정하고 있는데, 형사소송법 규정에 의해 체포 또는 구속 상태에 있는 피의자 역시 형법 제145조의 도주죄의 주체가 될 수 있습니다. 흔히 도주죄 하면 탈옥을 떠올리게 되는데, '도주'의 개념은 구치소, 교도소, 유치장 같은 구금시설에서 벗어나는 것에 한정되지 않습니다.

마찬가지로, 피의자가 신체 구금된 상태에서 도주한다고 하더라도 수사기관의 추적을 영구히 피하는 것은 거의 불가능에 가깝고, 검거되는 경우 혐의유무 판단이나 형량 결정에 부정적으로

---

[33] 2021. 9. 25. 경향신문······ "의정부교도소 호송 20대 피의자 수갑 찬 채 도주"

작용할 가능성이 높기 때문에 도주하지 않는 편이 좋습니다. 참고로, 불구속 상태의 피의자가 수사기관의 출석요구 등에 응하지 않거나, 수사기관 판단에 피의자가 도망하였거나 도망할 염려가 있다고 판단하는 경우에는 수사기관에서는 피의자에 대하여 체포 또는 구속영장 신청(청구)을 통해 강제수사를 하려고 할 가능성이 높습니다.

15
무죄판결과 비용보상

Q

성범죄 사건으로 수사와 재판을 받다가 간신히 무죄를 받았습니다. 무죄를 받아 기쁘기는 하지만, 그동안 심적인 고통을 받은 것을 생각하면 너무 억울합니다. 제가 낭비한 시간과 돈, 그리고 무죄를 다투는 과정에서 받은 정신적 고통을 배상받을 방법은 없는지 알고 싶습니다.

A

먼저, 용어부터 정리하도록 하겠습니다. 질문 중에 '배상'이라는 표현을 사용하셨는데, 배상은 누군가가 위법행위를 했을 때 그에 대한 손해를 금전적으로 보전해주는 것을 의미합니다. 국가배상, 손해배상 등이 그 대표적인 예입니다. 예를 들어, 진범이 아님에도 오인하여 진범으로 몰아 수사를 진행한 경우 또는 범죄혐의가 없는데 강압수사를 당하여 허위자백을 한 경우 등입니다. 이러한 경우에 해당하지 않는데도 무죄를 받았다는 것은, 고소나 수사 자체는 적법하게 이루어졌으나 판사님이 생각하기에 합리적인 의심을 넘어서는 정도의 증명이 이뤄졌다고 보기 어려운 경우에 해당하므로 그 누구에게도 배상책임을 물을 수 없는 것이 원칙입니다.

그러나, 수사기관 등의 고의 또는 과실이 없었고 불법행위를 구성하지는 않는다고 하더라도, 피고인 입장에서는 불필요한 수사나 재판으로 억울하게 시간과 금전을 낭비했다고 느낄 수밖에 없는 것이 엄연한 사실입니다. 그렇기 때문에, 피의자 또는 피고인에게 적절한 방법으로 잃어버린 시간과 돈에 대해 보전해줄 필요가 있습니다. 우리 헌법은 제28조에서 "형사피의자 또는 형사피고인으로서 구금되었던 자가 법률이 정하는 불기소 처분을 받거나 무죄판결을 받은 때에는 법률이 정하는 바에 의하여 국가에 정당한 보상을 청구할 수 있다."라고 하여 형사보상청구권에 대해서 규정하고 있습니다. 이에 근거하여 「형사보상 및 명예회복에 관한 법률」이 마련되어 있습니다. 이를 구금보상청구라고 합니다.

한편, 무죄판결을 받기 전 구금되었던 것이 아니라고 하더라도, 일정 요건을 충족하면 역시 형사절차에 따른 비용을 보전받을 수 있습니다. 이를 비용보상청구라고 합니다. 우리 형사소송법 제194조의2에서 "국가는 무죄판결이 확정된 경우에는 당해 사건의 피고인이었던 자에 대하여 그 재판에 소요된 비용을 보상하여야 한다."고 하여, 무죄판결과 비용보상에 대해 규정하고 있습니다. 「형사보상 및 명예회복에 관한 법률」에서 형사보상의 청구방식, 청구기간, 청구에 대한 법원의 재판 등 내용에 대해 상세히 규정하고 있습니다. 이 제도를 통해 금전보상이 이뤄진다고 하더라도, 피고인이 불필요한 수사, 재판으로 인해 잃어버린 시간과 돈, 그리고 수사와 재판이 진행되면서 겪은 정신적 고통, 사회적 낙인 등 불이익이 온전히 보전되기는 어려울 것입니다. 그렇다고 하더라도, 법과 제도가 허용하고 있는 피고인의 억울함에 대한 최소한의 보상장치를 외면할 이유는 전혀 없기에, 무죄판결을 받는 경우 동 제도를 적극 활용할 필요가 있습니다.

16
압수물 가환부, 압수 장물의 피해자 환부

Q

폭력범죄 등으로 수사와 재판을 받고 있습니다. 경찰이 수사를 하던 중 제 휴대전화를 압수해 갔습니다. 수사에 협조한다는 의미에서 제 스스로 휴대전화를 제출한 것이기 때문에 절차에 불만은 없습니다. 그렇기는 한데, 휴대전화는 제가 일하는 데 매우 필요한 것이라 돌려받았으면 합니다. 제가 형사절차에 대해서는 잘 모르지만, 경찰이 포렌식 절차를 마무리했으면 저에게 휴대전화를 돌려줘도 되는 것 아닌가요? 그리고, 마침 제 작은아버지가 절도 피해자인 사건이 있는데, 경찰이 피해물품의 위치를 파악했다고 합니다. 이때 경찰에 요청해서 그 피해물품을 돌려받을 수 있을까요?

A

우선 질문자 본인의 사안에 대해서 설명하도록 하겠습니다. **'가환부'는 압수의 효력을 존속시키면서 압수물을 소유자·소지자 또는 보관자 등에게 잠정적으로 환부하는 제도**를 의미합니다. 형사소송법은 "압수를 계속할 필요가 없다고 인정되는 압수물은 피고사건 종결 전이라도 결정으로 환부하여야 하고, 증거에 공할 압수물은 소유자, 소지자, 보관자 또는 제출인의 청구에 의하여 가환부할 수 있다."고 규정하고 있습니다. (법 제133조 제1항) 수사 단계에서의 환부, 가환부에 대해서도 별도로 규정하고 있는데, "검사는 사본을 확보한 경우 등 압수를 계속할 필요가 없다고 인정되는 압수물 및 증거에 사용할 압수물에 대하여 공소제기 전이라도 소유자, 소지자, 보관자 또는 제출인의 청구가 있는 때에는 환부 또는 가환부하여야 한다."는 것이 그것입니다. (제218조의2 제1항) **가환부의 대상은 증거에 공할(증거로 쓰일) 압수물로 제한되고, 몰수의 대상이 되는 압수물은 가환부할 수 없습니다.**

가환부는 소유자·소지자·보관자 또는 제출인의 청구에 의하여 형사절차 단계나 압수물의 소재 등에 따라 법원 또는 수사기관의 결정으로 이뤄지게 됩니다. 다만, 사법경찰관은 압수물의 환부, 가환부에 있어 검사의 지휘를 받게 됩니다. (법 218조의2 제4항) 사안에서 질문자의 휴대전화는 몰수의 대상이 되는 압수물이 아닌 한 수사기관이나 법원에 가환부 신청을 하여 돌려받을 수 있을 것으로 보입니다.

한편, 질문자의 작은아버지 사안은 **'압수 장물의 피해자 환부'**라 하여 형사소송법에서 환부방법에 대해 규정하고 있습니다. 즉 형사소송법 제134조는 **"압수한 장물은 피해자에게 환부할 이유가 명백한 때에는 피고사건의 종결 전이라도 결정으로 피해자에게 환부할 수 있다."**고 규정하고 있는데, 여기서 '환부할 이유가 명백한 때'라는 것은 피해자가 그 압수된 물건의 인도를 청구할 수 있는 권리가 있음이 명백한 경우를 말하고, 그 인도청구권에 관하여 사실상 법률상 조금이라도 의문이 있는 경우에는 이에 해당하지 않는다는 것이 판례의 입장입니다. 따라서 사안에서 피해물품의 소유권이 작은아버지에게 있음이 명백하다면 위 규정에 의해 장물을 돌려받을 수 있을 것이고, 그렇지 않다면 재판이 종결될 때까지 기다린 다음에 별도의 절차를 거쳐야 할 것으로 보입니다.

17
전자장치 가해제, 임시해제

Q

전자장치 부착 대상자입니다. 물론 제가 잘못을 했기에 전자장치를 부착하고 있는 것이기는 하지만, 부착 상태에서 특별히 문제도 일으키지 않고 성실히 이행해온 만큼 가능하면 전자장치를 더 이상 부착하지 않았으면 좋겠습니다. 전자장치 부착도 가해제(假解除)나 임시해제(臨時解除) 제도가 있다고 들었는데, 이런 것들을 받을 수 있는 방법이 있을까요?

A

확정판결을 받은 뒤 교도소 같은 수용시설에서 복역하는 사람에게 형기 종료 전에 미리 출소할 수 있도록 허용하는 제도가 가석방이라면, 이와 유사하게 **전자장치의 부착기간 만료 전에 부착을 면하게 하는 것**이 바로 **임시해제제도**입니다. 전자장치 가해제,

임시해제는 **가석방제도와 달리 부착대상자에게 임시해제를 청구할 수 있는 권한이 부여**되어 있습니다. 「전자장치 등의 부착에 관한 법률」 제17조 제1항에서는 "보호관찰소의 장 또는 피부착자 및 그 법정대리인은 해당 보호관찰소를 관할하는 심사위원회에 부착명령의 임시해제를 신청할 수 있다."라고 규정하고 있습니다.

부착명령 집행 후 3개월이 지난 사람이 그 대상이고, 법에서는 제18조에서 심사위원회가 임시해제를 심사할 때 "피부착자의 인격, 생활태도, 부착명령 이행상황 및 재범의 위험성에 대하여 보호관찰관 등 전문가의 의견"을 고려하여야 한다고 규정하고 있습니다. 사실 법원이 성범죄자 등 전자장치 부착 대상자에게 전자장치 부착여부를 결정할 때 가장 중요하게 고려하는 요소가 재범의 위험성이고, 마찬가지로 전자장치 부착의 임시해제 여부를 결정할 때에도 이 재범 위험성이 중요한 기준이 될 수밖에 없습니다. 또한, 이 재범 위험성을 판단하는 주요 척도가 청구시 기준으로 그때까지 부착명령을 얼마나 잘 이행해왔는지일 것입니다. 전자장치 부착 시점으로부터 일정한 기간이 지났고, 그때까지 전자장치를 부착한 상태에서 보호관찰관의 지시사항 등을 잘 준수해왔다면 전자장치 부착의 임시해제의 필요성을 소명하여 보호관찰소를 관할하는 심사위원회에 신청해볼 만할 것입니다.

18
출국금지

Q

업무상 횡령으로 고소를 당해 현재 경찰수사 진행 중입니다. 고소인이 고소한 내용을 보니 횡령액을 1억 5천만 원으로 기재했더라고요. 사실 4천만 원 정도는 제가 돈이 급하게 필요해서 개인적인 용도로 사용한 것은 맞습니다. 나머지 금액은 무엇을 근거로 제가 횡령했다고 주장하는지 모르겠고, 저는 이 부분에 대해서는 다 자료가 있기 때문에 치열하게 다툴 생각입니다. 문제는 제가 개인적인 일로 3주 정도 말레이시아를 갔다 와야 하는 상황인데, 혹시라도 수사 중인 건 때문에 출국금지를 당해 외국에 가지 못할까봐 걱정이 된다는 것입니다. 사건이 수사 진행 중이면 무조건 출국이 안 되는 것인지 궁금합니다. 그리고, 한 가지만 더 질문드리겠습니다. 제가 1억 1천만 원에 대해서는 무죄를 주장하고 있지만, 사람 일은 한 치 앞을 내다볼 수 없는 것이기에 혹시라도 1억 5천만 원 전부에 대해 혐의가 인정되어서 재판까지 넘어가는 상황이 생길 수도 있다고 생각하는데요. 만약 재판에서 유죄가 인정되어 집행유예 선고를 받게 되는 경우에는 무조건 출국금지가 되는 것인지도 궁금합니다.

A

결론부터 말씀드리면, 수사 중이거나 유죄가 확정된다고 해서 자동으로 출국금지가 되는 것은 아닙니다. 우선 **출국금지를 할 수 있는 주체**는 법관(판사)이 아니라 **행정부 소속의 법무부장관**입니다. **수사 중에는 검사의 청구**에 의해 **법무부장관이 결정을 합니다.** 출입국관리법 제4조에서 **출국금지 사유**에 대해 규정하고 있습니다. 즉 **① 범죄혐의로 수사를 받고 있거나 그 소재를 알 수 없어 기소중지 결정이 된 사람 ② 형사재판에 계속 중인 사람, 징역형이나 금고형의 집행이 끝나지 않은 사람** ③ 대통령령으로 정하는 금액 이상의 벌금이나 추징금을 내지 아니한 사람 ④ 대통령령으로 정하는 금액 이상의 국세, 관세 또는 지방세를 정당한 사유 없이 그 납부기한까지 내지 아니한 사람 등이 출국금지의 대상이 됩니다. 그런데, 위 조문을 보면, 출국금지는 법무부장관의 재량사항으로 되어 있습니다. 즉, 위 사유에 해당한다고 하여 무조건 출국금지를 당하게 되는 것은 아니라는 의미입니다.

출국금지 기간은 사유마다 조금씩 차이가 있는데, 출입국관리법에서는 1개월, 3개월, 6개월 이내에서 출국금지 기간을 정할 수 있도록 규정하고 있고, 출국금지 기간의 연장에 대해서도 규정하고 있습니다. 사실관계에 따라 달라지겠지만, 수사 중인 상태라고 하여 무조건 출국금지가 되는 것은 아니며, 사법경찰관이나 검사에게 출국의 필요성에 대해 잘 설명하고 양해를 구하면 수사기관에서도 질문자가 특별히 해외로 도피하려는 것으로 판단하지 않는 이상 출국금지를 청구하지는 않을 것으로 보입니다.

마찬가지로 집행유예 선고를 받고 그 기간 중이라고 하더라도 출입국관리법상 출국금지의 대상이 될 수는 있으나, 형집행기관(검찰청이나 보호관찰소)에서 특별히 국외도피 우려가 있다고 판단하지 않는 이상 실제 출국금지 처분을 당하지는 않을 것으로 보입니다. 그러나, 경우에 따라서는 해외출국 시 보호관찰소의 허가를 받는 등의 제약은 있을 수 있습니다.

19
강제출국, 강제퇴거

Q

저희 집 앞 상가건물에서 안마시술소를 운영하던 지인이 불법 안마시술소 운영으로 재판을 받게 되었다고 합니다. 의료법 위반혐의라고 하는데요. 또, 그 업소에 있던 외국인 국적의 종업원들은 강제퇴거를 당하게 되었다고 합니다. 성매매 같은 범죄를 저질러서 자기 나라로 쫓겨나게 된 것인가요?

A

외국인이 대한민국에서 범죄를 저질렀다고 무조건 강제출국, 강제퇴거를 당하는 것은 아닙니다. 출입국관리법 제46조 제1항에서는 외국인을 강제퇴거시킬 수 있는 사유에 대해서 규정하고 있습니다. 가장 대표적인 사유가 외국인이 비자 없이 입국한 경우나 국내에 체류할 수 있는 기간을 넘겨 거주하는 등 이른바 불법체류를 하는 것입니다. 범죄와 관련해서는 위 조항 제13호에서 "금고 이상의 형을 선고받고 석방된 사람"을 외국인의 강제퇴거 사유로 규정하고 있고, 제15호에서는 그에 준하는 자로서 법무부령이 정하는 일정 범죄(살인의 죄, 강간과 추행의 죄, 강도의 죄, 「성폭력범죄의 처벌 등에 관한 특례법」 위반의 죄, 「마약류관리에 관한 법률」 위반의 죄, 「국가보안법」 위반, 「폭력행위 등 처벌에 관한 법률」 제4조[34] 위반의 죄를 범한 자, 「보건범죄단속에 관한 특별조치법」 위반)를 범한 자를 강제퇴거시킬 수 있음을 규정하고 있습니다.

한편, 영주권자의 경우에는 일반 외국인에 비해 강제퇴거의 사유가 제한됩니다. 즉, 내란의 죄 또는 외환의 죄를 범한 자나 5년 이상의 징역 또는 금고의 형을 선고받고 석방된 사람 중 법무부령으로 정하는 사람 등 그 불법의 정도가 매우 중한 경우를 제외하고는 강제퇴거를 당하지 않습니다. (출입국관리법 제46조 제2항)

따라서, 질문자의 사안에서 지인의 안마시술소 종업원들이 성매매 같은 범죄 때문에 강제퇴거를 당했다고 단정할 수는 없을 것 같습니다. 출입국사범 즉 불법체류 문제로 강제퇴거를 당했

---

34 일정 범죄를 목적으로 단체 등을 구성하거나 단체 등에 가입하여 활동하는 사람을 처벌하는 규정입니다.

을 가능성도 있어 보입니다. 참고로, 출입국 당국에서는 외국인의 보이스피싱 사기나 성폭력, 마약범죄 등 일부 범죄에 대해서는 매우 단호하게 강제퇴거명령을 내리는 추세입니다.

20
유치장, 구치소, 교도소

Q

남자친구가 술 먹고 행인들과 싸움을 크게 해서 경찰서 유치장에 들어가 있습니다. 상대방이 많이 다쳤는지, 구속되어서 구치소나 교도소로 갈 수도 있다고 하네요. 경찰서 유치장과 구치소, 교도소는 어떻게 다른가요? 그리고 남자친구 사건을 담당하는 경찰관은 A 경찰서 소속이라고 하던데, 남자친구가 있는 유치장은 B 경찰서에 있더라고요. 혹시 특별한 이유가 있는 것일까요?

A

경찰서 유치장은 법률에서 정한 절차에 따라 체포·구속된 사람 또는 신체의 자유를 제한하는 판결이나 처분을 받은 사람을 수용하기 위하여 경찰서 및 해양경찰서에 둔 구금시설을 말합니다. (경찰관직무집행법 제9조) 주로 경찰수사 단계에서 체포, 구속 등 강제수사를 하는 경우 피의자를 인치하는 장소가 유치장이라고 보면 됩니다. 경찰이 구속된 피의자의 사건을 검찰로 송치하는 경우 피의자의 신병은 유치장에서 구치소로 이전됩니다.

한편, 모든 경찰서에 유치장이 설치되어 있는 것은 아닙니다. 서울 북부지역을 관할하는 서울 북부지방법원, 검찰청의 예를 들면, 관내 7개 경찰서(강북, 노원, 도봉, 동대문, 성북, 종암, 중랑) 중에서 노원경찰서와 종암경찰서에는 유치장이 없습니다. 따라서, 질문자의 남자친구도 특별한 이유가 있어서가 아니라, 남자친구를 수사하여 구속한 경찰서에 유치장이 없기 때문에 유치장이 설치되어 있는 다른 경찰서의 유치장을 빌려 쓰는 것이라고 생각하면 됩니다.

구치소는 (검찰)수사나 법원에서 재판진행 중인 자로서 아직 형이 확정되지 않은 사람들이 수감된 곳이고, 교도소는 재판이 종결되어 형이 확정된 성인을 수감하는 구금시설입니다. 만 19세 미만의 경우에는 교도소가 아닌 소년원에 수용되게 됩니다. 즉 구치소와 교도소의 본질적인 차이는 수감되어 있는 사람의 형이 확정되어 있는지 여부입니다. 통상 구치소에 수감되어 있는 사람을 미결수용자 또는 미결수라고 하고, 교도소에 수감되어 있는 사람을 수형자라고 부릅니다.

21
재심제도

Q

어느 날 갑자기 아내가 장인어른이 교도소에 수감되었다는 통지를 받게 되었습니다. 장인어른이 교도소에 갑자기 수감될 일은 없을 것이라고 생각했기 때문에 상당히 당혹스러웠습니다. 자초지종을 알아보니 장인어른이 몇 년 전에 도로교통법위반, 음주운전 측정거부 등으로 재판을 받고 집행유예 판결을 받으셨나 봅니다. 그런데, 이후에 교육이수를 하지 않아서 집행유예가 취소되었고, 교도소에 수감된 것이라고 합니다. 집행유예가 취소될 때까지 자식들에게도 안 알리고 특별히 아무것도 안 하셔서 별 도리가 없다고 생각하고 있었는데, 마침 얼마 전에 대검찰청에서 음주측정거부에 대한 법규정이 위헌결정이 났으니 재심신청을 해보라는 안내문을 보내왔습니다. 저와 아내는 상의 끝에 사선변호인을 선임하기로 했습니다. 이제 재심청구를 하려고 하는데, 장인어른이 구제받을 수 있을까요?

A

집행유예형을 선고받고 함께 부과된 교육이수 등 부수처분을 이행하지 않았다면 집행유예가 취소될 수 있습니다. 이때에도 검사의 집행유예 취소청구에 대해 재판에 나가 자신의 입장을 설명하고 선처를 구할 기회가 있었을 텐데, 질문자의 장인어른의 경우에는 그런 조치도 하지 않은 것으로 보입니다. 다행히 질문자의 장인어른 사건에 적용된 처벌규정이 최근 위헌결정이 났고, 대검찰청에서 이와 관련하여 재심에 대한 안내를 한 것으로 보아 구제받을 수 있는 기회가 있는 것으로 보입니다.

재심(再審)은 한자풀이 그대로 "다시 심판한다."는 뜻입니다. 우리 형사소송법 제420조에서는 재심에 대해 규정하고 있는데, **재심은 확정판결에 대하여 재판절차나 증거 등에 중대한 하자가 있다는 이유로 재판 당사자(주로 피고인)가 그 판결을 취소하고 새로이 재판을 해줄 것을 요구하는 절차**입니다. 상소가 아직 확정되지 않은 판결에 대해 불복하는 절차라면, 재심은 확정판결의 사실인정의 오류를 시정하고 그 확정판결에 의해 불이익을 받은 피고인을 구제하려는 절차입니다.

재심으로 구제받기 위해서는 두 가지 관문을 통과해야 합니다. 즉 재심사유의 유무를 심리하여 재차 심리할 것인가의 여부를 결정하는 절차(재심개시 절차)와 사건 자체에 대하여 다시 심판하는 절차(재심심판 절차)로 나뉩니다. 우선, 확정판결에 대해 재심사유가 있다고 생각하면, 재심청구의 취지와 재심청구의 이유를 구체적으로 기재한 재심청구서에 원판결의 등본 및 증거자료를 첨부하여 관할법원에 제출하여야 합니다. (형사소송규칙 제166조) 관할법원은 원판결의 법원을 의미합니다. 재심청구의 시기에는 특별한 제한이 없지만, 재심제도 자체가 정의의 이념 때문에 법적 안정성이라는 이념을 한발 물러서게 한 것이라고 할 수 있기 때문에 재심은 매우 엄격한 요건을 갖추어야만 인정되는 편입니다.

형사소송법 제420조에서는 재심사유[35]를 여러 가지 나열하였지만, 우리 법원은 원판결의 증거가 된 증거물이 위조된 것임이 밝혀졌을 때와 판결의 근거가 된 법률이 위헌결정 났을 때와 같은 경우 등이 아니면 재심청구를 잘 받아들여 주지 않는 편입니다. 우리 헌법재판소법은 제47조 제3항에서 "형벌에 관한 법률 또는 법률의 조항은 소급하여 그 효력을 상실한다."고 규정하고 있고, 같은 조 제4항에서는 "제3항의 경우에 위헌으로 결정된 법

---

35 법에서는 7호 사유까지 규정하고 있으나, 본서에서는 지면상 5호 사유까지만 기재합니다. 1~5호 사유는 아래와 같습니다.
1. 원판결의 증거가 된 서류 또는 증거물이 확정판결에 의하여 위조되거나 변조된 것임이 증명된 때
2. 원판결의 증거가 된 증언, 감정, 통역 또는 번역이 확정판결에 의하여 허위임이 증명된 때
3. 무고(誣告)로 인하여 유죄를 선고받은 경우에 그 무고의 죄가 확정판결에 의하여 증명된 때
4. 원판결의 증거가 된 재판이 확정재판에 의하여 변경된 때
5. 유죄를 선고받은 자에 대하여 무죄 또는 면소를, 형의 선고를 받은 자에 대하여 형의 면제 또는 원판결이 인정한 죄보다 가벼운 죄를 인정할 명백한 증거가 새로 발견된 때

률 또는 법률의 조항에 근거한 유죄의 확정판결에 대하여는 재심을 청구할 수 있다."고 규정하고 있어 사안의 경우에는 명백하게 재심사유가 있는 것으로 볼 수 있습니다. 따라서 재심청구를 하면, 원판결을 한 법원에서 재심을 개시한다는 결정을 하고 통상적인 형사재판과 같이 다시 기일을 열어 재판을 진행한 뒤 새로운 형을 선고하게 될 것입니다.

'재심' 하면 일반인들이 가장 쉽게 떠올리는 것이 '증거조작'이듯이 잘못된 증거로 나온 재판을 시정하는 것이 일반인들이 생각하는 전형적인 재심재판의 모습일 것입니다. 그 과정이 결코 쉽지는 않겠지만, 잘못된 증거로 억울하게 유죄확정이 되었다면 이를 바로잡고 명예를 회복하기 위해서라도 재심청구를 해야 할 것으로 보입니다.

22

대화 녹취의 증거능력

Q

저는 올해 건설회사에 취직한 신입사원이고, 대형 플랜트 건설현장으로 발령을 받았습니다. 그런데 현장 소장님 이하 거의 대부분의 직원이 남자이고, 다들 입이 거칠어서 하루에 정말 많은 욕설이 오고 갑니다. 조금만 실수해도 심하게 욕설을 해서 정신적인 스트레스가 상당합니다. 특히 제 사수인 대리가 가장 욕을 찰지게 하는데요. 욕설의 수위가 높아지고 저도 더 이상 참을 수 없는 지경에 이르러서 법적으로 문제 삼기로 하고 보이스레코더를 하나 구입한 다음 제 사수의 욕설을 녹음하기로 하였습니다. 보이스레코더를 산 다음날 저는 여느 날처럼 욕을 얻어먹었고, 제 사수의 맛깔나는 욕설은 깔끔하게 녹음되었습니다. 저는 욕설을 듣는 동안 대꾸를 거의 하지 못하는 바람에 제 사수의 목소리 위주로 녹음되었는데요, 인터넷을 검색해보니 녹음자료가 증거로 쓰이려면 녹음파일의 대화에 제가 참여해야 한다고 합니다. 제가 경찰에 제 사수를 모욕죄로 고소한다면 녹취파일은 증거로 쓸 수 있을까요?

A

실제로 실무를 하다 보면 자주 질문을 받는 것 중 하나가 상대방 모르게 전화통화나 대화를 녹음하는 것이 불법이 아닌지에 대한 것입니다. 통신비밀보호법 제3조 제1항에서는 "누구든지 이 법과 형사소송법 또는 군사법원법의 규정에 의하지 아니하고는 우편물의 검열·전기통신의 감청 또는 통신사실 확인자료의 제공을 하거나 **공개되지 아니한 타인 간의 대화를 녹음 또는 청취하지 못한다.**"고 규정하고 있습니다. 또한 동법 제16조 제1항에서는 위 제3조 제1항을 위반하는 경우 "1년 이상 10년 이하의 징역과 5년 이하의 자격정지"에 처하는 것으로 규정하고 있습니다. 즉, 벌금형이 없습니다.

그러나, 위 법문의 해석에 따를 때, 본인이 대화의 당사자인 경우에는 타인과의 대화를 녹음한다고 하여 불법이 되는 것은 아닙니다. 따라서 질문자의 말처럼 녹취파일을 모욕죄 형사사건에서 증거로 제출하는 것도 가능하며, 사수의 모욕혐의 인정의 증거로 사용될 수 있을 것으로 보입니다.

23
입원기간 등의 산입

Q

피의자가 범행을 저지르는 과정에서 많이 다치는 바람에 병원에 장기간 입원해야 하는 경우 병원에서 수사를 받게 되나요? 만약 병원에 있는 동안 수사와 재판이 모두 끝나고 실형이 선고되는 경우 병원에 입원해 있었던 기간도 징역을 산 기간으로 쳐주나요?

A

피의자가 범행 중 큰 부상을 당해 병원에 입원해 있는 경우에는 어차피 현실적으로 피의자조사와 같은 임의수사나 체포, 구속과 같은 강제수사 모두 진행되기 어렵습니다. 다만, 수사기관은 사안의 중대성이나 피의자의 건강 상태 등을 종합적으로 고려하여 병원에 가서 출장조사를 할 수는 있습니다. 이후 피의자의 건강이 회복되어 본격적으로 수사가 진행되고 검사가 사건을 재판에 넘기면 피고인으로 신분이 전환되는 것입니다. 수사의 경우 그 기간이 법으로 정해져 있는 것은 아니므로, 피의자가 불구속 상태에서 병원에서 수사를 받는다고 하더라도 징역기간에의 산입 문제는 발생하지 않습니다.

한편 우리 형사소송법은 일정 사유 발생 시 공판절차의 정지에 대해 규정하고 있습니다. 즉 "피고인이 사물의 변별 또는 의사의 결정을 할 능력이 없는 상태에 있는 때에는 법원은 검사와 변호인의 의견을 들어서 결정으로 그 상태가 계속하는 기간 공판절차를 정지하여야 한다."(제306조 제1항), "피고인이 질병으로 인하여 출정할 수 없는 때에는 법원은 검사와 변호인의 의견을 들어서 결정으로 출정할 수 있을 때까지 공판절차를 정지하여야 한다."(제306조 제2항)는 것이 그 내용입니다. 그런데, 우리 **형사소송법 제92조 제3항에서는 제306조 제1항 및 제2항의 규정에 의해 공판절차가 정지된 기간은 피고인의 구속기간에 산입하지 않는다**고 규정하고 있습니다. 따라서, 미결구금 상태에서 재판을 받고 있는 피고인이 질병 등 사유로 일시적으로 병원에 입원하게 되고, 그로 인해 공판절차가 정지된다고 하더라도 형 선고 시 미결구금일수 계산에 있어 병원에 있었던 기간은 산입되지 않을 것입니다.

24
상소권 회복

Q

바쁘게 일하고 있다 보니 항소기간을 놓쳤습니다. 깜짝 놀라 여기저기 알아보니 상소권 회복이라는 절차를 통하면 구제받을 가능성이 있다고 합니다. 상소권 회복이 무엇인가요? 저의 경우에 구제받을 가능성이 좀 있을까요?

A

우리 형사소송법 제345조는 "상소할 수 있는 자가 자기 또는 대리인이 책임질 수 없는 사유로 상소제기 기간 내에 상소를 하지 못한 경우 상소권 회복의 청구를 할 수 있다."고 규정하고 있습니다. 여기서 상소할 수 있는 자에는 검사와 피고인은 물론 법정대리인, 피고인의 배우자, 직계친족, 형제자매 또는 원심의 대리인이나 변호인이 포함됩니다.

상소할 수 있는 사람이 상소권 회복 청구를 하려면 두 가지의 요건을 갖추어야 합니다. 형사재판의 판결이 선고된 후 상소제기 기간을 지나서 판결이 확정되어야 하고, **상소제기 기간 내에 상소를 하지 않은 것에 대해 상소할 수 있는 사람의 고의 또는 과실이 없어야** 합니다. 위법한 공시송달로 형사재판 절차의 진행을 모르는 상황에서 유죄판결이 확정된 경우 상소권 회복을 인정한 사례가 있습니다. 반면, 판례사안에서는 ① 피고인이나 상소권자 또는 그 대리인이 질병으로 입원하였거나 기거불능으로 상소하지 못한 경우(대법원 1986. 9. 17, 86모46 결정) ② 피고인이 주소변경 사실을 신고하지 않아 법원에 출석하지 못하여 판결선고 사실을 알지 못한 경우(대법원 2008. 3. 10, 2007모795 결정) ③ 교도소 담당직원이 편의를 제공하지 않았다거나(대법원 1986. 9. 27, 86모47 결정) ④ 법정소란으로 판결주문을 잘못 들은 경우(대법원 1987. 4. 8, 87모19 결정) 등에는 상소권 회복의 사유로 인정하지 않고 있습니다.

질문자께서 바쁘게 일하다가 항소기간을 놓쳤다고 하셨는데, 이것은 상소제기 기간 내에 상소를 하지 않은 것에 대해 고의나 과실이 있는 것으로 보입니다. 따라서, 상소권 회복 청구를 한다고 하더라도 구제받는 것은 어려울 것 같습니다.

에필로그

　지난해 출간한 『별별 범죄 이야기』에 이어 어느덧 두 번째 책을 집필하게 되었습니다. 범죄… 형사절차… 보통 사람들에게는 그다지 유쾌하지 않은 주제입니다. 그런 주제로 연속하여 책을 쓰다 보니, 범죄는 저와 평생 함께 해야 하는 숙명이 아닌가 하는 생각도 듭니다. 이브가 선악과(善惡果)를 따먹은 이래로 동서고금을 통틀어 인간은 범죄와 분리되었던 적이 한 번도 없었습니다. 그리고 기록으로 만나는 사건이라 하더라도 범죄를 마주하는 것은 굉장히 부담스러운 일입니다.

　하지만 범죄행위가 일어나면 그에 대한 처벌이든 피해회복이든 간에 형사절차에 있어 억울함이 없도록 하는 것은 누군가 꼭 해야 하는 일이고, 그런 일을 하는 사람이 있기 때문에 사회 질서가 유지될 수 있습니다. 기왕 내가 이 길에 들어서서 범죄와 평생 함께 할 숙명이라면, 늙어서 더이상 일을 못하게 될 때까지 열정을 다해보겠다는 생각으로 사건 하나하나에 최선을 다하고 있습니다.

사실 이 일을 하면서 보람을 느끼는 순간이 훨씬 많지만, 저도 그냥 보통 사람이다 보니 마음에 상처를 받을 때도 있고 인간이 가진 어두운 면을 들여다보면서 우울해지는 날도 많습니다. 하지만 매일 새로운 인생과 사건을 마주치며 배워가는 즐거움, 저를 의지하는 분들의 간절함, 그리고 사건이 잘 마무리되어 의뢰인들이 행복해하는 모습을 보면서 모두 이겨낼 수 있었습니다. 혹시라도(?) 세 번째 책을 쓰게 된다면 그런 업무와 일상에서 마주친 별별 사람들에 대한 이야기를 다루게 되지 않을까 하는 생각도 해봅니다.

몇 년 전부터 본격적으로 변호사로 일하면서 절실히 느끼는 점 중 하나가 인생은 신기하고 오묘한 인연의 연속이라는 것입니다. 한때 문화대통령으로 불렸던 대중가수 서태지 씨가 굿바이 베스트 앨범에서 사용했던 문구를 인용하며 책을 마무리하고자 합니다.

"살아야 할 세월 속 정겨운 인연을 믿으며... End가 아닌 And로 이어지는 세상"

두 번째 책이 나오기까지 늘 응원과 격려를 아끼지 않았던 사랑하는 아내와 삶의 원천이 되어주는 가족들, 저의 오래된 인연들, 그리고 오랜 벗이자 보다 예쁜 책이 나올 수 있도록 애써 주었던 광주여성가족재단의 박성균 연구원에게 감사하다는 말씀을 드리면서, 이 책을 마칩니다. 또한, 어떤 인연이 닿아 제 책을 읽게 될 독자분들에게 감사드립니다.

참고서적

『범죄수사 실무론』 유재두, 2017년, 박영사
『실무중심 형사변호』 정영훈 저, 2019년, 진원사
『형법총론』 배종대, 2020년, 홍문사
『형법총론』 임웅, 2017년, 법문사
『형법각론』 임웅, 2011년, 법문사
『형사소송법』 배종대, 홍영기, 2022년, 홍문사
『형사소송법』 이재상, 조균석, 이창온, 2020년, 박영사